일본어 번역, 그 완성으로 가는 길

시사일본어

저자 오석륜, 황동원

시사일본어사

머리말

평소 어떻게 하면 '시사일본어'를 가장 효율적으로 가르칠 수 있을까. 교재로 삼을 만한 좋은 텍스트가 없을까. 이런저런 고민을 하며 한국에 출간된 관련 텍스트나 콘텐츠를 찾아보았다. 그러나 아쉽게도 우리가 만족할 만한 교재는 거의 없었다. 그런 교재가 있다고 하더라도, 과연 우리가 지향하는 강의 방식이나 텍스트로서의 완결성에 부합하느냐 하는 데에는 적잖은 의구심이 들었다. 이러한 것들이 이 책 〈시사일본어〉를 출간하는 중요한 계기로 작용하였다.

이에 우리는 일본이 품고 있는 '현재성', '다양성', '미래지향성'을 고려한 콘텐츠를 직접 엄선하여 글쓰기를 시도하였다. 여기에 더하여, '사라져 가는 것에 대한 그리움'과 '지나간 역사'와 관련한 서술을 통해, 향후 일본의 모습을 조명하려는 노력을 게을리 하지 않았다.

이 과정에서, TV뉴스, 신문기사, 잡지기사, 지역뉴스, 넷뉴스, 구루메블로그, TV프로그램에 대한 시청 감상 등을 글의 재료로 적극 활용하였다. 이런 점은 기존의 텍스트에서 볼 수 없었던 〈시사일본어〉만의 독특함과 차별성으로 설명할 수 있다.

물론, 이러한 재료들을 어떻게 학습자들이 가장 효율적으로 흡수할 수 있을까를 궁리한 끝에, '본문'을 가장 먼저 배치하고 그 본문을 '번역 연습'할 수 있는 공간을 별도로 마련하였다. 이어서 그 본문에 나오는 '새로운 단어', '본문 읽기 및 모범 번역'의 순서로 책을 구성하여, '본문'에 대한 완벽한 해독으로 유도하였다. 만약, 이 과정을 통해 정밀하게 학습을 한 사람이라면 적지 않은 만족감과 높은 성취감을 맛볼 수 있을 것이다.

이 책은 모두 15개 과로 이루어져 있다.

'궁도대회에 참가한 초등학생, 원숭이에게 습격을 받아 큰 상처(1과)'와 '나가노현(長野県)에서 곰 습격 사건 발생(3과)'은 '원숭이'와 '곰'으로 야기되는 현재의 일본의 모습을 살핀 것이며, '초밥은 '오마카세'로(2과)'와 '가고시마(鹿児島)의 돈가스집 라쿠텐(楽天, 7과)'은 일본의 이미지로 연상되는 음식인 초밥과 돈가스를 재미있게 풀어내 흥미를 자극할 것이다. 거기에 '소금 맛이 나는 삶은 달걀의 비밀(8과)'은 음식에 과학을 입혀, 신비감과 재미를 더 해준다.

또한, '한일을 잇는 믿음(친분)의 교류-평화의 사자(使者), 조선통신사에게 배운다(14과)'와 '사쓰마야키(薩摩焼, 15과)'는 지나간 역사가 단순히 과거의 사건이 아니라, 향후 일본은 무엇을 지향해야 하는가에 대한 의미를 부여할 수 있다는 생각으로 수록하였다. 특히, 한일 양국의 미래지향적 관점에서 꼭 읽어보아야 할 내용이다. '고반제도(交番制度, 4과)'와 '지역생산, 지역소비(地産地消)를 권함(5과)', '세상의 재미있는 잡학(6과)', '골판지로 DIY(9과)', '신주쿠역(新宿駅)의 동서 자유 통로공사(東西自由通路工事, 11과)' 또한 빠르게 변화하는 일본의 모습을 통해 다시 한 번 우리가 무엇을 소중히 여겨야 하는지에 대한 의미를 생각하게 할 것이다.

그리고 '날씨(12과, 13과)'와 관련한 뉴스 기사도 일본의 지리적 특성을 잘 이해하는 데 유용한 읽을거리며, '일본만화의 성지 도키와장(トキワ荘), 38년 만에 복원(10과)'은 사라져 가는 것에 대한 그리움이 묻어날 것이다.

책을 다 만들고 나니, 생각했던 것보다 단어나 표현이 꽤 많고, 풍부하고 다양했다. 아무쪼록 이 책이 '시사일본어'로서의 기능과 일본어 능력 향상에 큰 도움이 되었으면 하는 바람 간절하다. 끝으로, 출판을 허락해주시고 적극적으로 애써주신 엄태상 대표님과 시사일본어사 식구들께도 감사의 말씀을 드린다. 독자 여러분의 넉넉한 질정을 기다린다.

2022년 8월

초승달 걸린 초안산 기슭의 연구실에서

오석륜 · 황동원

이 책의 구성

● 본문

TV뉴스, 신문기사, 잡지기사, 지역뉴스, 넷뉴스, 구루메블로그, TV프로그램에 대한 시청 감상 등을 일본어 원문으로 실었습니다.

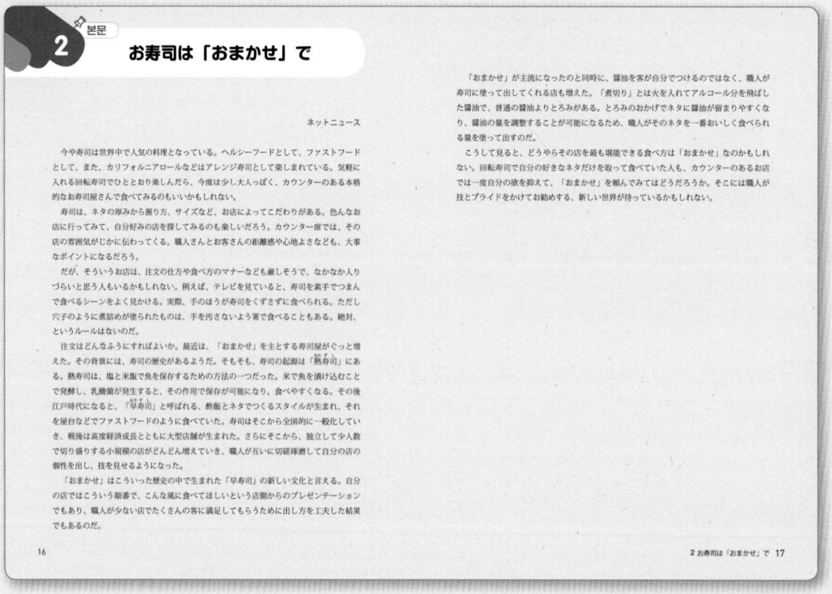

본문

2 お寿司は「おまかせ」で

ネットニュース

今や寿司は世界中で人気の料理となっている。ヘルシーフードとして、ファストフードとして、また、カリフォルニアロールなどはアレンジ寿司として楽しまれている。気軽に入れる回転寿司でひととおり楽しんだら、今度は少し大人っぽく、カウンターのある本格的なお寿司屋さんで食べてみるのもいいかもしれない。

寿司は、ネタの厚みから握り方、サイズなど、お店によってこだわりがある。色んなお店に行ってみて、自分好みの店を探してみるのも楽しいだろう。カウンター席では、その店の雰囲気がじかに伝わってくる。職人さんとお客さんの距離感や心地よさなども、大事なポイントになるだろう。

だが、そういうお店は、注文の仕方や食べ方のマナーなども厳しそうで、なかなか入りづらいと思う人もいるかもしれない。例えば、テレビを見ていると、寿司を素手でつまんで食べるシーンをよく見かける。実際、手のほうが寿司をくずさずに食べられる。ただし穴子のように煮詰めが塗られたものは、手を汚さないよう箸で食べることもある。絶対、というルールはないのだ。

注文はどんなふうにすればよいか。最近は、「おまかせ」を主とする寿司屋がぐっと増えた。その背景には、寿司の歴史があるようだ。そもそも、寿司の起源は「熟寿司」にある。熟寿司は、塩と米飯で魚を保存するための方法の一つだった。米で魚を漬け込むことで発酵し、乳酸菌が発生すると、その作用で保存が可能になり、食べやすくなる。その後江戸時代になると、「早寿司」と呼ばれる、酢飯とネタでつくるスタイルが生まれ、それを屋台などでファストフードのように食べていた。寿司はそこから全国的に一般化していき、戦後は高度経済成長とともに大型店舗が生まれた。さらにそこから、独立して少人数で切り盛りする小規模の店がどんどん増えていき、職人が互いに切磋琢磨して自分の店の個性を出し、技を見せるようになった。

「おまかせ」はこういった歴史の中で生まれた「早寿司」の新しい文化と言える。自分の店ではこういう順番で、こんな風に食べてほしいという店側からのプレゼンテーションでもあり、職人が少ない店でたくさんの客に満足してもらうために出し方を工夫した結果でもあるのだ。

「おまかせ」が主流になったのと同時に、醤油を客が自分でつけるのではなく、職人が寿司に塗って出してくれる店も増えた。「煮切り」とは火を入れてアルコール分を飛ばした醤油で、普通の醤油よりとろみがある。とろみのおかげでネタに醤油が留まりやすくなり、醤油の量を調整することが可能になるため、職人がそのネタを一番おいしく食べられる量を塗って出すのだ。

こうして見ると、どうやらその店を最も堪能できる食べ方は「おまかせ」なのかもしれない。回転寿司で自分の好きなネタだけを取って食べていた人も、カウンターのあるお店では一度自分の欲を抑えて、「おまかせ」を頼んでみてはどうだろうか。そこには職人が技とプライドをかけてお勧めする、新しい世界が待っているかもしれない。

16

2 お寿司は「おまかせ」で 17

● 번역 연습

본문에 있는 내용을 한글로 번역할 수 있는 페이지를 구성하였습니다.

새로운 단어

지문에 나온 어구 및 문형의 자세한 뜻과 한자 독음을
달아 사전 없이도 학습할 수 있도록 정리하였습니다.

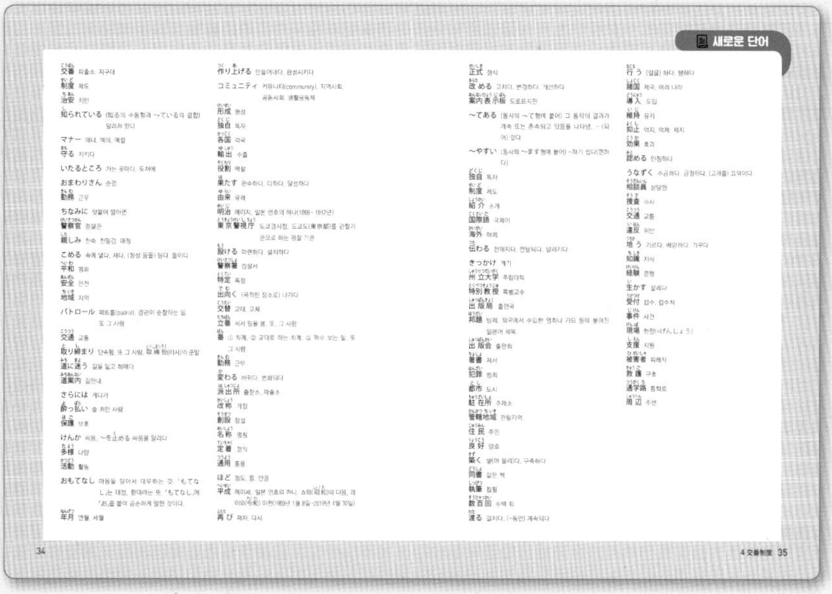

본문 읽기 및 모범 번역

모범이 되는 번역문을 일본어 원문과 함께 비교하면
서 확인할 수 있도록 구성하였습니다.

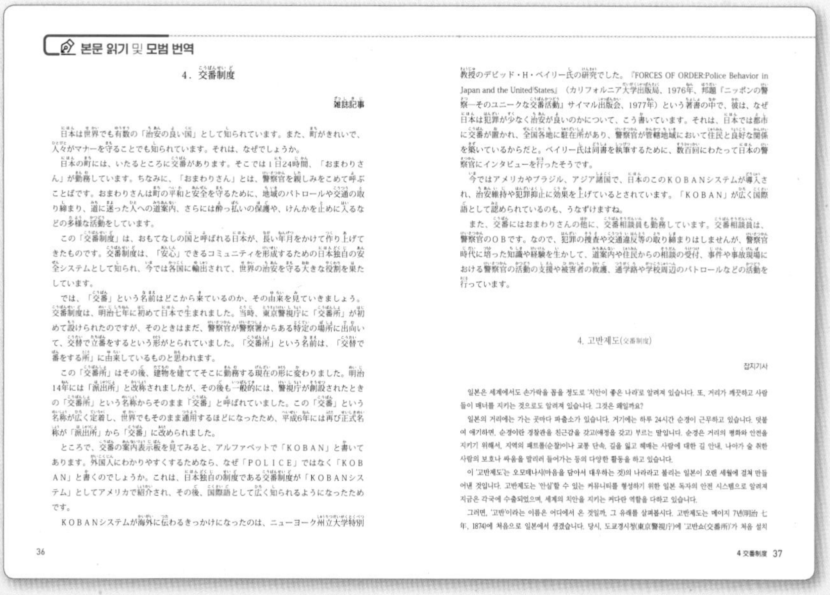

목차

시사 일본어

본문

1 弓道大会に参加した小学生、猿に襲われて大怪我

地域ニュース

今日の午後6時ごろ、日光市が主催した「扇の的弓道大会」に参加していた小学生3人が、日光市の中禅寺湖の近くにあるタイムズ駐車場で野生の猿に襲われ、手や足に20針以上縫う大怪我をしました。小学生の話によると、襲ったのは子連れの猿を含めて10匹ほどの猿で、小学生たちが近くのコンビニで買い物をし、レジ袋をもって宿舎に向かっていたところ、ニホンザルが後ろから現れて、牙をむいて威嚇したり、噛みついたりしたあと、強引にレジ袋を奪って去っていったということです。

通報を受けて消防隊員が現場に駆けつけましたが、猿の群れはすでにどこかへ姿をくらましており、小学生たちは消防隊員によって無事病院に運ばれました。

日光市内の噛みつき猿による被害は、この事件によりここ2週間で20人となりました。日光市は、警察や消防に依頼して、被害が発生したエリアを特別警戒するとともに、網などを使った猿の捕獲作業にも乗り出しています。ただ、観光客の多い商店街では、猿の捕獲作業がむしろ猿を興奮させ、人に襲いかからせてしまう恐れがあるため、よく訓練された猿追い犬である「モンキードック」などを利用して、追い払いに対応する予定です。

霊長類研究所の田中一郎博士は、野生の猿に遭遇した場合には、決して「むやみに近づかない」、「エサを与えない、食べ物を見せない」、「喧嘩の合図でもある目線合わせをしない」、「大きな声を出したり、物を投げたりしない」、「写真を撮らない」、「追いかけない」ように注意する必要があると指摘しています。

번역 연습

弓道(きゅうどう) 궁도. 궁술

大会(たいかい) 대회

参加(さんか) 참가

小学生(しょうがくせい) 초등학교 학생

猿(さる) 원숭이

襲う(おそう) 덮치다. 습격하다

大怪我(おおけが) 큰 부상

今日(きょう) 오늘

午後(ごご) 오후

日光市(にっこうし) 닛코시. 도치기(栃木)현 북서부에 위치한 시

主催(しゅさい) 주최

扇の的(おうぎのまと) 오기노마토(부채표적). 일본 중세의 전쟁이야기인 『헤이케모노가타리(平家物語)』에서 명궁인 나스노 요이치(那須与一(なすのよいち))가 바다 위에 멀리 떨어져 있던 헤이케군(平家軍)의 배 위의 부채를 쏘아 맞춘 것과 관련된 표현

中禅寺湖(ちゅうぜんじこ) 주젠지호. 닛코시(日光市)에 있는 호수

近く(ちかく) 부근. 근처

駐車場(ちゅうしゃじょう) 주차장

野生(やせい) 야생

針(はり) (꿰매는)바늘. 침술

縫う(ぬう) 바늘로 꿰매다. 깁다

以上(いじょう) 이상

～によると ~에 의하면. ~에 따르면

子連れ(こづれ) 아이를 데리고 있음. 아이 동반

含める(ふくめる) 포함시키다. 품게 하다

～匹(ひき) 짐승 · 물고기 · 벌레 따위를 세는 말. ~마리

～ほど 정도. 만큼. 쯤

コンビニ 편의점. コンビニエンス · ストア의 준말

レジ袋(ぶくろ) 편의점 등의 계산대에서 판매한 물건을 담아 주는 비닐봉지

宿舎(しゅくしゃ) 숙사. 숙소

向かう(むかう) 향하다. 가다

～たところ 막 ~을 한 참이다. ~했더니

ニホンザル 일본원숭이

後ろ(うしろ) 뒤. 뒤쪽

現れる(あらわれる) 나타나다. 드러나다

牙をむく(きばをむく) (짐승 등이 화가 나) 엄니를 드러내다. 적의를 나타내다. 으르렁거리다

威嚇(いかく) (=おどかし) 위협

噛みつく(かみつく) 달려들어 물다. 물고 늘어지다

～たり ~하거나. ~하든지

強引(ごういん) (반대나 장애를 물리치고 억지로 하는 모양) 무리하게 행함. 억지로 함

奪う(うばう) 빼앗다. 빼앗아 가다. (주의 · 마음을) 사로잡다. 끌다

去る(さる) 떠나다. 때가 지나가다. 경과하다

～ということ ~라는 이야기(내용) 이다

通報を受ける(つうほうをうける) 통보를 받다

消防隊員(しょうぼうたいいん) 소방대원

現場(げんば) 현장

駆けつける(かけつける) 서둘러 도착하다. 급히 달려가다

群れ(むれ) 떼. 무리. 동아리

すでに 이미. 벌써. 이전에

姿(すがた) 모습. 형체. 자태

くらます (모습을) 감추다

～によって (근거 · 의거 · 기준을 나타냄) ~에 의해서. ~에 따라서

無事(ぶじ) 무사

病院(びょういん) 병원

運ぶ(はこぶ) 운반하다. 옮기다. 나르다

市内(しない) 시내

被害(ひがい) 피해

事件(じけん) 사건

警察(けいさつ) 경찰

依頼(いらい) 의뢰. 부탁

새로운 단어

発生(はっせい) 발생

エリア 에어리어. 구역. 지역

特別警戒(とくべつけいかい) 특별경계

~(と)ともに (~와) 함께. 같이. 동시에

網(あみ) 그물. 망

捕獲(ほかく) 포획. 잡음

作業(さぎょう) 작업

乗(の)り出(だ)す 착수하다

ただ 다만. 단지

観光客(かんこうきゃく) 관광객

商店街(しょうてんがい) 상점가. 상가

むしろ 오히려. 차라리

興奮(こうふん) 흥분

襲(おそ)いかかる 덤벼들다. 덮치다

~てしまう ~해버리다. ~하고 말다

恐(おそ)れ 두려움. 염려

~あるため ~있기 때문에

訓練(くんれん) 훈련

追(お)う 쫓다. 뒤따르다

モンキードック 원숭이 쫓는 전문 사냥개

追(お)い払(はら)う 쫓아버리다. 내쫓다

対応(たいおう) 대응

霊長類(れいちょうるい) 영장류

研究所(けんきゅうじょ) 연구소

田中一郎(たなかいちろう) 다나카 이치로. 사람 이름

博士(はくし)(=はかせ) 박사

遭遇(そうぐう) 조우. 우연히 만남

決(けっ)して (뒤에 부정 · 금지의 말과 함께) 결코. 절대로. 반드시. 틀림없이

むやみ 앞뒤를 생각하지 않고 무턱대고 하는 모양

近(ちか)づく 접근하다. 가까이 가다. 다가오다

エサ 모이. 먹이. 사료

与(あた)える 주다

喧嘩(けんか) 싸움. 다툼. 분쟁

合図(あいず) 신호

目線(めせん) 눈길. 시선

合(あ)わせる 맞추다. 맞게 하다

投(な)げる 던지다. 멀리 보내다

追(お)いかける 뒤쫓아 가다

指摘(してき) 지적

본문 읽기 및 모범 번역

1．弓道大会に参加した小学生、猿に襲われて大怪我

地域ニュース

今日の午後6時ごろ、日光市が主催した「扇の的弓道大会」に参加していた小学生3人が、日光市の中禅寺湖の近くにあるタイムズ駐車場で野生の猿に襲われ、手や足に20針以上縫う大怪我をしました。小学生の話によると、襲ったのは子連れの猿を含めて10匹ほどの猿で、小学生たちが近くのコンビニで買い物をし、レジ袋をもって宿舎に向かっていたところ、ニホンザルが後ろから現れて、牙をむいて威嚇したり、噛みついたりしたあと、強引にレジ袋を奪って去っていったということです。

通報を受けて消防隊員が現場に駆けつけましたが、猿の群れはすでにどこかへ姿をくらましており、小学生たちは消防隊員によって無事病院に運ばれました。

日光市内の噛みつき猿による被害は、この事件によりここ2週間で20人となりました。日光市は、警察や消防に依頼して、被害が発生したエリアを特別警戒するとともに、網などを使った猿の捕獲作業にも乗り出しています。ただ、観光客の多い商店街では、猿の捕獲作業がむしろ猿を興奮させ、人に襲いかからせてしまう恐れがあるため、よく訓練された猿追い犬である「モンキードック」などを利用して、追い払いに対応する予定です。

霊長類研究所の田中一郎博士は、野生の猿に遭遇した場合には、決して「むやみに近づかない」、「エサを与えない、食べ物を見せない」、「喧嘩の合図でもある目線合わせをしない」、「大きな声を出したり、物を投げたりしない」、「写真を撮らない」、「追いかけない」ように注意する必要があると指摘しています。

1. 궁도 대회에 참가한 초등학생, 원숭이에게 습격을 받아 큰 상처

지역뉴스

오늘 오후 6시경, 닛코시(日光市)가 주최한 '오기노마토궁도대회(扇の的 弓道大會)'에 참가하고 있던 초등학생 세 명이, 닛코시의 주젠지호(中禅寺湖) 근처에 있는 타이무즈주차장에서 야생 원숭이에게 습격을 받아, 손이나 발에 스무 바늘 이상 꿰매는 큰 부상을 입었습니다. 초등학생의 말에 따르면, 습격한 것은 새끼를 데리고 있던 원숭이를 포함한 10마리 정도의 원숭이로, 초등학생들이 근처 편의점에서 쇼핑을 한 후, 계산대에서 받은 비닐봉지를 가지고 숙소로 향하고 있었을 때, 일본원숭이가 뒤에서 나타나, 엄니를 드러낸 채 위협하기도 하고, 달려들어 물어 뜯기도 한 후에, 강제로 계산대에서 받은 비닐봉지를 빼앗아 사라졌다는 것입니다.

통보를 받고 소방대원이 현장에 급히 달려갔습니다만, 원숭이 무리는 이미 어딘가로 모습을 감추었고, 초등학생들은 소방대원에 의해 무사히 병원으로 옮겨졌습니다.

닛코시 시내에서 원숭이가 달려들어 물린 피해는, 이 사건으로 인해 최근 2주 동안에 20명이 되었습니다. 닛코시는 경찰이나 소방서에 의뢰해서 피해가 발생한 지역을 특별 경계하는 동시에, 망(網) 등을 사용한 원숭이 체포 작전에도 적극적으로 나서고 있습니다. 다만, 관광객이 많은 상가에서는, 원숭이 포획 작업이 오히려 원숭이를 흥분하게 해서 사람에게 덤벼들게 할 우려가 있기 때문에, 원숭이 쫓는 잘 훈련된 개(몽키 독)를 이용한 쫓아내기로 대응할 예정입니다.

영장류연구소의 다나카 이치로 박사는, 야생의 원숭이를 만났을 경우에는 결코 "함부로 가깝게 다가가지 않는다", "먹이를 주지 않는다, 먹을 것을 보여주지 않는다", "싸움의 신호이기도 한, 시선 마주치는 행동을 하지 않는다", "큰 소리를 내거나, 물건을 던지거나 하지 않는다", "사진을 찍지 않는다", "뒤쫓아 가지 않도록" 주의할 필요가 있다고 지적하고 있습니다.

본문 2

お寿司は「おまかせ」で

ネットニュース

今や寿司は世界中で人気の料理となっている。ヘルシーフードとして、ファストフードとして、また、カリフォルニアロールなどはアレンジ寿司として楽しまれている。気軽に入れる回転寿司でひととおり楽しんだら、今度は少し大人っぽく、カウンターのある本格的なお寿司屋さんで食べてみるのもいいかもしれない。

寿司は、ネタの厚みから握り方、サイズなど、お店によってこだわりがある。色んなお店に行ってみて、自分好みの店を探してみるのも楽しいだろう。カウンター席では、その店の雰囲気がじかに伝わってくる。職人さんとお客さんの距離感や心地よさなども、大事なポイントになるだろう。

だが、そういうお店は、注文の仕方や食べ方のマナーなども厳しそうで、なかなか入りづらいと思う人もいるかもしれない。例えば、テレビを見ていると、寿司を素手でつまんで食べるシーンをよく見かける。実際、手のほうが寿司をくずさずに食べられる。ただし穴子のように煮詰めが塗られたものは、手を汚さないよう箸で食べることもある。絶対、というルールはないのだ。

注文はどんなふうにすればよいか。最近は、「おまかせ」を主とする寿司屋がぐっと増えた。その背景には、寿司の歴史があるようだ。そもそも、寿司の起源は「熟寿司（なれずし）」にある。熟寿司は、塩と米飯で魚を保存するための方法の一つだった。米で魚を漬け込むことで発酵し、乳酸菌が発生すると、その作用で保存が可能になり、食べやすくなる。その後江戸時代になると、「早寿司（はやずし）」と呼ばれる、酢飯とネタでつくるスタイルが生まれ、それを屋台などでファストフードのように食べていた。寿司はそこから全国的に一般化していき、戦後は高度経済成長とともに大型店舗が生まれた。さらにそこから、独立して少人数で切り盛りする小規模の店がどんどん増えていき、職人が互いに切磋琢磨して自分の店の個性を出し、技を見せるようになった。

「おまかせ」はこういった歴史の中で生まれた「早寿司」の新しい文化と言える。自分の店ではこういう順番で、こんな風に食べてほしいという店側からのプレゼンテーションでもあり、職人が少ない店でたくさんの客に満足してもらうために出し方を工夫した結果でもあるのだ。

번역 연습

「おまかせ」が主流になったのと同時に、醤油を客が自分でつけるのではなく、職人が寿司に塗って出してくれる店も増えた。「煮切り」とは火を入れてアルコール分を飛ばした醤油で、普通の醤油よりとろみがある。とろみのおかげでネタに醤油が留まりやすくなり、醤油の量を調整することが可能になるため、職人がそのネタを一番おいしく食べられる量を塗って出すのだ。

こうして見ると、どうやらその店を最も堪能できる食べ方は「おまかせ」なのかもしれない。回転寿司で自分の好きなネタだけを取って食べていた人も、カウンターのあるお店では一度自分の欲を抑えて、「おまかせ」を頼んでみてはどうだろうか。そこには職人が技とプライドをかけてお勧めする、新しい世界が待っているかもしれない。

번역 연습

お寿司(すし) 초밥

おまかせ 주문할 음식을 가게의 주방장에게 일임하는 것

世界中(せかいじゅう) 온 세계. 전 세계

ヘルシーフード 건강 식품. 자연 식품 등을 포함한 건강 지향적인 요소가 있는 식품이나 요리

として～ (으)로서. ~의 입장에서. ~의 자격으로서

ファストフード 패스트푸드. 즉석식품

カリフォルニアロール 캘리포니아 롤. 햄이나 아보카도 등을 김으로 싼 음식

アレンジ arrange. 재구성

気軽(きがる)に 부담 없이. 가벼운 마음으로

回転寿司(かいてんずし) 회전초밥

ひととおり 유별나지 않고 일반적인 것. 보통

大人(おとな)っぽい 외모나 태도 등이 실제보다 어른스럽게 보이다. 제법 어른스럽다

ネタ 재료. 원료

厚(あつ)み 두께

握(にぎ)り方(かた) (손으로 초밥의 모양을 만들 때) 쥐는 방법. 잡는 방법

こだわり 여기에서는 가게 운영의 나름의 방식이나 경영철학

自分好(じぶんごの)み 자신이 좋아하는 것. 자신의 취향

探(さが)してみる 찾아보다

カウンター席(せき) 카운터 좌석

雰囲気(ふんいき) 분위기

じかに 직접(적으로). 바로

伝(つた)わってくる 전해지다. 전달되다

職人(しょくにん)さん 장인. 그 방면의 전문가

距離感(きょりかん) 거리감

心地(ここち)よさ 心地よい의 명사형. 기분이 상쾌함(좋음). 속이 시원함

仕方(しかた) 하는 방법(방식)

食(た)べ方(かた) 먹는 방법(방식)

マナー 예의. 예절

なかなか 상당히. 좀처럼

～づらい (동사의 ます형에 붙어서) ~하기가 어렵다

素手(すで) 맨손. 맨주먹

つまむ (손가락으로) 집다. 집어먹다

シーン 광경. 장면

見(み)かける ~를 보다. ~가 눈에 띄다

くずす 흩뜨리다. 무너뜨리다

(くずさ)ずに 「ずに」는 「ないで」의 문어체. 동사의 ない형에 붙어서 부정의 뜻을 나타냄. ~ (흩뜨리지) 않고

穴子(あなご) 붕장어

煮詰(につ)め 붕장어 등의 식재료에 간장과 미림, 설탕 등을 넣고 졸인 것

塗(ぬ)る 바르다. 칠하다

汚(よご)す 더럽히다

箸(はし) 젓가락

ルール 규칙

主(しゅ)とする 주로 하다

寿司屋(すしや) 초밥가게

ぐっと 한층. 훨씬

増(ふ)える 많아지다. 늘어나다

そもそも 처음. 애초

起源(きげん) 기원

熟寿司(なれずし) 나레즈시. 생선에 밥과 소금을 넣어 유산발효시킨 음식(스시)

塩(しお) 소금

米飯(べいはん) 쌀밥

保存(ほぞん) 보존

方法(ほうほう) 방법

漬(つ)け込(こ)む (김치 · 절이 등을) 담그다. 절이다

発酵(はっこう) 발효

새로운 단어

乳酸菌(にゅうさんきん) 유산균
発生(はっせい) 발생
作用(さよう) 작용
～やすい (동사의 ます형에 붙어) ~하기 쉽다. ~하기 편하다
江戸時代(えどじだい) 에도시대. 도쿠가와 이에야스(徳川家康)가 에도(江戸)에 막부(幕府)를 세워 통치하던 시대. 1603~ 1867년
早寿司(はやずし) 하야즈시. 여기서는 오늘날 일식 집에서 일반적으로 먹는 초밥을 말함
酢飯(すめし) 식초를 넣고 섞은 밥. 초밥용의 밥
屋台(やたい) 작은 집 모양으로 지붕을 달고 이동할 수 있게 만든 수레. 포장마차
全国(ぜんこく) 전국
一般化(いっぱんか) 일반화
戦後(せんご) 태평양 전쟁 이후
高度経済成長(こうどけいざいせいちょう) 고도경제성장
大型店舗(おおがたてんぽ) 대형매장
独立(どくりつ) 독립
少人数(しょうにんずう) 적은 인원수
切り盛り(きりもり)する 꾸려나가다
小規模(しょうきぼ) 소규모
互(たが)いに 서로
切磋琢磨(せっさたくま) 절차탁마(오로지 학문 · 기예에 힘씀)
個性(こせい) 개성
技(わざ) 솜씨. 기술
こういった (=こういう・このような) 이러한
歴史(れきし) 역사
文化(ぶんか) 문화
順番(じゅんばん) 차례. 순서
～てほしい (동사의 て형에 접속) ~해 주기 바라다
プレゼンテーション 프리젠테이션
満足(まんぞく) 만족

出(だ)し方(かた) 대접하는 법. 제공하는 법
工夫(くふう) 여러 가지로 궁리함. 고안함
主流(しゅりゅう) 주류
醤油(しょうゆ) 간장
塗(ぬ)る 바르다. 칠하다
煮切(にき)る 술이나 미림을 끓여 알코올 성분을 증발시키는 것
アルコール分(ぶん) 알코올 성분.
飛(と)ばす 날려버리다
とろみ 약간 걸쭉함
留(と)まる 머물다. 남다
調整(ちょうせい) 조정. 조절
どうやら 아무래도
堪能(たんのう)できる 만끽할 수 있다
欲(よく)を抑(おさ)える 욕심을 자제하다
プライドをかける 자존심을 걸다
お勧(すす)めする 추천해 드리다. 권장해 드리다

본문 읽기 및 모범 번역

2．お寿司は「おまかせ」で

ネットニュース

今や寿司は世界中で人気の料理となっている。ヘルシーフードとして、ファストフードとして、また、カリフォルニアロールなどはアレンジ寿司として楽しまれている。気軽に入れる回転寿司でひととおり楽しんだら、今度は少し大人っぽく、カウンターのある本格的なお寿司屋さんで食べてみるのもいいかもしれない。

寿司は、ネタの厚みから握り方、サイズなど、お店によってこだわりがある。色んなお店に行ってみて、自分好みの店を探してみるのも楽しいだろう。カウンター席では、その店の雰囲気がじかに伝わってくる。職人さんとお客さんの距離感や心地よさなども、大事なポイントになるだろう。

だが、そういうお店は、注文の仕方や食べ方のマナーなども厳しそうで、なかなか入りづらいと思う人もいるかもしれない。例えば、テレビを見ていると、寿司を素手でつまんで食べるシーンをよく見かける。実際、手のほうが寿司をくずさずに食べられる。ただし穴子のように煮詰めが塗られたものは、手を汚さないよう箸で食べることもある。絶対、というルールはないのだ。

注文はどんなふうにすればよいか。最近は、「おまかせ」を主とする寿司屋がぐっと増えた。その背景には、寿司の歴史があるようだ。そもそも、寿司の起源は「熟寿司」にある。熟寿司は、塩と米飯で魚を保存するための方法の一つだった。米で魚を漬け込むことで発酵し、乳酸菌が発生すると、その作用で保存が可能になり、食べやすくなる。その後江戸時代になると、「早寿司」と呼ばれる、酢飯とネタでつくるスタイルが生まれ、それを屋台などでファストフードのように食べていた。寿司はそこから全国的に一般化していき、戦後は高度経済成長とともに大型店舗が生まれた。さらにそこから、独立して少人数で切り盛りする小規模の店がどんどん増えていき、職人が互いに切磋琢磨して自分の店の個性を出し、技を見せるようになった。

「おまかせ」はこういった歴史の中で生まれた「早寿司」の新しい文化と言える。自分の店ではこういう順番で、こんな風に食べてほしいという店側からのプレゼンテーションでもあり、職人が少ない店でたくさんの客に満足してもらうために出し方を工夫した結果でもあるのだ。

「おまかせ」が主流になったのと同時に、醤油を客が自分でつけるのではなく、職人が寿司に塗って出してくれる店も増えた。「煮切り」とは火を入れてアルコール分を飛ばした醤油で、普通の醤油よりとろみがある。とろみのおかげでネタに醤油が留まりやすくなり、醤油の量を調整することが可能になるため、職人がそのネタを一番おいしく食べられる量を塗って出すのだ。

こうして見ると、どうやらその店を最も堪能できる食べ方は「おまかせ」なのかもしれない。回転寿司で自分の好きなネタだけを取って食べていた人も、カウンターのあるお店では一度自分の欲を抑えて、「おまかせ」を頼んでみてはどうだろうか。そこには職人が技とプライドをかけてお勧めする、新しい世界が待っているかもしれない。

2. 초밥은 '오마카세'로

넷뉴스

바야흐로 초밥(寿司)은 전세계에서 인기 요리가 되었다. 헬스푸드로, 패스트푸드로, 또한 캘리포니아롤 등은 어레인지 초밥으로 즐기고 있다. 부담없이 들어갈 수 있는 회전초밥집으로 평범하게 즐겼다면, 이 다음에는 어른스럽게, 카운터가 있는 본격적인 초밥집에서 먹어보는 것도 좋을지 모른다.

초밥은 재료의 두께부터 (손으로 초밥 모양을 만들 때) 그 쥐는 방법, 크기 등, 가게에 따라서 가게 운영 방식(철학)이 있다. 여러 가게에 가보고 자기가 선호하는 가게를 찾아보는 것도 즐거울 것이다. 카운터 좌석에서는, 그 가게의 분위기가 직접적으로 전해져 온다. 초밥 장인과 손님과의 거리감이나 기분 좋게 교감하는 것 등도, 중요한 포인트가 될 것이다.

그렇지만, 그런 가게는 주문 방법이나 먹는 방법의 매너 등도 엄격할 것 같아서, 무척이나 들어가기가 어렵다고 생각하는 사람도 있을지 모른다. 예를 들면, TV를 보고 있으면, 초밥을 맨손으로 집어 먹는 장면을 자주 볼 수 있다. 실제로 손 쪽이 초밥을 무너뜨리지 않고 먹을 수 있다. 다만, 붕장어처럼 니쓰메(붕장어 등의 식자재에 간장과 미림, 설탕 등을 넣고 졸인 것)가 발라진 것은 손을 더럽히지 않게 젓가락으로 먹는 경우도 있다. 절대, 라는 룰은 없는 것이다.

주문은 어떤 식으로 하면 좋을까. 최근에는 '오마카세(주문할 음식을 가게의 주방장에게 일임하는 것)'를 주로 하는 초밥가게가 한층 더 늘었다. 그 배경에는 초밥의 역사가 있는 것 같다. 원래 초밥의 기원은 '나레즈시'에 있다. 나레즈시(熟寿司)는 소금과 쌀밥으로 물고기를 보존하는 방법의 하나이다. 쌀로 물고기를 숙성시킴으로써 발효가 되어, 발효균이 발생을 하면 그 작용으로 보존이 가능해지고 먹기 쉬워진다. 그 후 에도시대가 되면, '하야즈시(초를 가한 밥에 생선 등을 얹어 먹는 것. 여기서는 일식집에서 먹는 보통의 초밥을 가리킴)'라고 불리는, 초밥과 생선 재료로 만드는 스타일이 생겨나, 그것을 포장마차 등에서 패스트푸드처럼 먹고 있었다. 초밥은 거기에서 전국적으로 일반화해 갔으며, 전후에는 고도경제성장과 더불어 대형 점포가 생겨났다. 그 이후 독립하여 소수 인원으로 꾸려 나가는 소규모 가게가 점차 늘어나, 초밥 장인이 서로 절차탁마(切磋琢磨)하며 자신이 일하는 가게의 개성을 드러내고 기술을 보여주게 된 것이다.

'오마카세'는 이러한 역사 속에서 생겨난 '하야즈시'의 새로운 문화라고 할 수 있다. 자신의 가게에서는 이러한 순서로, 이러한 식으로 먹었으면 좋겠다고 하는 가게 측으로부터의 (오마카세의) 프레젠테이션이기도 하고, 초밥 장인이 적은 가게에서 많은 손님에게 만족을 얻기 위해 초밥을 대접하는 방법을 궁리한 결과이기도 한 것이다.

'오마카세'가 주류가 된 것과 동시에, 간장을 손님이 스스로 찍는 것이 아니라, 초밥 장인이 초밥에 발라서 내주는 가게도 늘어났다. 니키리(煮切り)라는 것은 불을 가해 알코올 성분을 날려 버린 간장으로, 보통의 간장보다 약간의 걸쭉함(끈기)이 있다. 이 약간의 걸쭉함 덕분에 재료에 간장이 머무르기 쉽게 되어, 간장의 양을 조정하는 것이 가능해지기 때문에, 초밥 장인이 그 재료를 가장 맛있게 먹을 수 있는 양을 발라서 내는 것이다.

이렇게 보면, 어쩌면 그 가게를 가장 만끽하며 먹을 수 있는 방법은 '오마카세'인지도 모른다. 회전초밥집에서 자신이 좋아하는 초밥만을 집어서 먹던 사람도, 카운터가 있는 가게에서는 한번 자신의 욕심을 억누르고 '오마카세'를 부탁해보는 것은 어떨까. 거기에는 초밥 만드는 장인이 기술과 자존심을 걸고 추천해 드리는, 새로운 세계가 기다리고 있을지도 모른다.

MEMO

본문

3 長野県でクマ襲撃事件発生

地域ニュース

15日昼ごろ、長野県長野市（ながのけんながのし）で、70代の男性が畑仕事中にクマに襲われ、大怪我をしました。クマが現れたのは小川村（おがわむら）の古山神社（ふるやまじんじゃ）の近くです。

消防署によりますと、15日午後1時半ごろ、「クマに頭や肩などを噛まれたり、爪で頬を引っかかれたりした」と男性からの通報があり、消防隊が緊急に駆け付け、男性をドクターヘリで病院に搬送したとのことです。男性は顔や右肩などに切り傷や骨折などを負う大怪我をしましたが、命に別状はありませんでした。

クマに襲われた山田太郎さん（76）は「畑で草取りをしていたら、突然、親子らしいクマ2頭が現れて、襲い掛かってきたんです。むちゃくちゃ痛かったので、これで死ぬかもしれないと思って、必死に抵抗したつもりでしたけど、吹っ飛ばされて気を失ったみたいです」と話しています。

山田太郎さんを襲ったと見られるクマは今も見つかっておらず、地域住民や登山客のあいだに不安が広がっています。

長野県によりますと、今年8月までに県内のクマの目撃情報は387件ありましたが、そのうち、人が襲われたのはこれで13件目になります。

번역 연습

새로운 단어

長野県(ながのけん) (지명) 나가노현

クマ (동물) 곰

襲撃(しゅうげき) 습격

事件(じけん) 사건

発生(はっせい) 발생

男性(だんせい) 남성

畑(はたけ) 밭

襲(おそ)う 습격하다. 덮치다

現(あらわ)れる 나타나다. 출몰하다

小川村(おがわむら) 오가와촌. 나가노현(長野県)에 있는 지명

古山神社(ふるやまじんじゃ) 후루야마신사. 오가와촌에 있는 신사명

消防署(しょうぼうしょ) 소방서

頭(あたま) 머리

肩(かた) 어깨

嚙(か)む 물다

爪(つめ) 발톱. 손톱

頬(ほお) 볼. 뺨

引(ひ)っかかれる 긁히다

通報(つうほう) 통보

消防隊(しょうぼうたい) 소방대

緊急(きんきゅう) 긴급

駆(か)け付(つ)ける 급히 달려 오다. 급히 뛰어 오다. 서둘러 도착하다

ドクターヘリ 구급헬기

搬送(はんそう) 반송. 교통수단을 이용해서 옮김

顔(かお) 얼굴

切(き)り傷(きず) 베인 상처

骨折(こっせつ) 골절

負(お)う (상처 등을) 입다

命(いのち) 생명. 목숨

別状(べつじょう) 보통과 다른 상태나 모양. 이상함

草取(くさと)り 제초. 풀을 제거함

突然(とつぜん) 돌연. 갑자기

親子(おやこ) 부모와 자식

~らしい ~인 것 같이 생각되다. ~인 것 같다. ~느낌이 들다

2頭(とう) 2마리

襲(おそ)い掛(か)かる 덤벼들다. 덮치다

むちゃくちゃ (むちゃ)의 힘줌말. (=めちゃくちゃ) 매우. 아주. 상당히

必死(ひっし)に 필사적으로

抵抗(ていこう) 저항

~つもり 작정. 의도. 속셈

吹(ふ)っ飛(と)ばす (吹き飛ばす)의 힘줌말. 세차게 날려 버리다. (마음속에서) 털어 없애 버리다

気(き)を失(うしな)う 정신(의식)을 잃다. 실신하다

~みたい (마치) ~인 것 같다

見(み)つかっておらず 발견되지 않고

地域住民(ちいきじゅうみん) 지역주민

登山客(とざんきゃく) 등산객

不安(ふあん) 불안

目撃(もくげき) 목격

情報(じょうほう) 정보

본문 읽기 및 모범 번역

3．長野県でクマ襲撃事件発生

地域ニュース

15日昼ごろ、長野県長野市で、70代の男性が畑仕事中にクマに襲われ、大怪我をしました。クマが現れたのは小川村の古山神社の近くです。

消防署によりますと、15日午後1時半ごろ、「クマに頭や肩などを噛まれたり、爪で頬を引っかかれたりした」と男性からの通報があり、消防隊が緊急に駆け付け、男性をドクターヘリで病院に搬送したとのことです。男性は顔や右肩などに切り傷や骨折などを負う大怪我をしましたが、命に別状はありませんでした。

クマに襲われた山田太郎さん（76）は「畑で草取りをしていたら、突然、親子らしいクマ2頭が現れて、襲い掛かってきたんです。むちゃくちゃ痛かったので、これで死ぬかもしれないと思って、必死に抵抗したつもりでしたけど、吹っ飛ばされて気を失ったみたいです」と話しています。

山田太郎さんを襲ったと見られるクマは今も見つかっておらず、地域住民や登山客のあいだに不安が広がっています。

長野県によりますと、今年8月までに県内のクマの目撃情報は387件ありましたが、そのうち、人が襲われたのはこれで13件目になります。

3. 나가노현(長野県)에서 곰 습격 사건 발생

지역뉴스

15일 낮 무렵, 나가노현(長野県) 나가노시(長野市)에서 70대 남성이 밭 일을 하던 중 곰에게 습격을 당해 큰 부상을 입었습니다. 곰이 나타난 것은 오가와촌(小川村)의 후루야마신사(古山神社) 근처입니다.

소방서에 따르면, 15일 오후 1시반쯤, "곰이 머리나 어깨 등을 물거나 발톱으로 뺨을 할퀴거나 했다"고 남성으로부터의 통보가 있어서, 소방대가 긴급히 달려가 남성을 구급헬기로 이송했다고 합니다. 남성은 얼굴이나 오른쪽 어깨 등에 할퀸 상처나 골절 등을 입는 큰 부상을 입었습니다만, 목숨에 이상은 없었습니다.

곰에게 습격을 받은 야마다 타로(山田太郎) 씨(76)는 "밭에서 제초 작업을 하고 있었는데, 갑자기 어미와 새끼로 보이는 곰 두 마리가 나타나 덤벼들었습니다. 너무나 아팠기 때문에, 이렇게 해서 죽을지도 모른다고 생각해 필사적으로 저항했습니다만, (몸이 붕 떠서) 세차게 날아가 버려 정신을 잃은 것 같습니다."라고 말하고 있습니다.

야마다 타로 씨를 습격한 것으로 보이는 곰은 지금도 발견되지 않고 있으며, 지역 주민이나 등산객 사이에 불안이 확산되고 있습니다.

나가노현에 따르면, 올해 8월까지 현내(県内)의 곰 목격 정보는 387건 있었습니다만, 그 중 사람이 습격당한 것은 이로써 13건째가 됩니다.

MEMO

본문

4 交番制度

雑誌記事

日本は世界でも有数の「治安の良い国」として知られています。また、町がきれいで、人々がマナーを守ることでも知られています。それは、なぜでしょうか。

日本の町には、いたるところに交番があります。そこでは１日24時間、「おまわりさん」が勤務しています。ちなみに、「おまわりさん」とは、警察官を親しみをこめて呼ぶことばです。おまわりさんは町の平和と安全を守るために、地域のパトロールや交通の取り締まり、道に迷った人への道案内、さらには酔っ払いの保護や、けんかを止めに入るなどの多様な活動をしています。

この「交番制度」は、おもてなしの国と呼ばれる日本が、長い年月をかけて作り上げてきたものです。交番制度は、「安心」できるコミュニティを形成するための日本独自の安全システムとして知られ、今では各国に輸出されて、世界の治安を守る大きな役割を果たしています。

では、「交番」という名前はどこから来ているのか、その由来を見ていきましょう。交番制度は、明治七年に初めて日本で生まれました。当時、東京警視庁に「交番所」が初めて設けられたのですが、そのときはまだ、警察官が警察署からある特定の場所に出向いて、交替で立番をするという形がとられていました。「交番所」という名前は、「交替で番をする所」に由来しているものと思われます。

この「交番所」はその後、建物を建ててそこに勤務する現在の形に変わりました。明治14年には「派出所」と改称されましたが、その後も一般的には、警視庁が創設されたときの「交番所」という名称からそのまま「交番」と呼ばれていました。この「交番」という名称が広く定着し、世界でもそのまま通用するほどになったため、平成6年には再び正式名称が「派出所」から「交番」に改められました。

ところで、交番の案内表示板を見てみると、アルファベットで「ＫＯＢＡＮ」と書いてあります。外国人にわかりやすくするためなら、なぜ「ＰＯＬＩＣＥ」ではなく「ＫＯＢＡＮ」と書くのでしょうか。これは、日本独自の制度である交番制度が「ＫＯＢＡＮシステム」としてアメリカで紹介され、その後、国際語として広く知られるようになったためです。

번역 연습

ＫＯＢＡＮシステムが海外に伝わるきっかけになったのは、ニューヨーク州立大学特別教授のデビッド・Ｈ・ベイリー氏の研究でした。『FORCES OF ORDER: Police Behavior in Japan and the United States』（カリフォルニア大学出版局、1976年、邦題『ニッポンの警察―そのユニークな交番活動』サイマル出版会、1977年）という著書の中で、彼は、なぜ日本は犯罪が少なく治安が良いのかについて、こう書いています。それは、日本では都市に交番が置かれ、全国各地に駐在所があり、警察官が管轄地域において住民と良好な関係を築いているからだと。ベイリー氏は同書を執筆するために、数百回にわたって日本の警察官にインタビューを行ったそうです。

今ではアメリカやブラジル、アジア諸国で、日本のこのＫＯＢＡＮシステムが導入され、治安維持や犯罪抑止に効果を上げているとされています。「ＫＯＢＡＮ」が広く国際語として認められているのも、うなずけますね。

また、交番にはおまわりさんの他に、交番相談員も勤務しています。交番相談員は、警察官のＯＢです。なので、犯罪の捜査や交通違反等の取締りはしませんが、警察官時代に培った知識や経験を生かして、道案内や住民からの相談の受付、事件や事故現場における警察官の活動の支援や被害者の救護、通学路や学校周辺のパトロールなどの活動を行っています。

번역 연습

交番(こうばん) 파출소. 지구대

制度(せいど) 제도

治安(ちあん) 치안

知(し)られている (知る의 수동형과 ~ている의 결합) 알려져 있다

マナー 매너. 예의. 예절

守(まも)る 지키다

いたるところ 가는 곳마다. 도처에

おまわりさん 순경

勤務(きんむ) 근무

ちなみに 덧붙여 말하면

警察官(けいさつかん) 경찰관

親(した)しみ 친숙. 친밀감. 애정

こめる 속에 넣다. 재다. (정성 등을) 담다. 들이다

平和(へいわ) 평화

安全(あんぜん) 안전

地域(ちいき) 지역

パトロール 패트롤(patrol). 경관이 순찰하는 일. 또 그 사람

交通(こうつう) 교통

取(と)り締(し)まり 단속함. 또 그 사람. 取締役(とりしまりやく)(이사)의 준말

道(みち)に迷(まよ)う 길을 잃고 헤매다

道案内(みちあんない) 길안내

さらには 게다가

酔(よ)っ払(ぱら)い 술 취한 사람

保護(ほご) 보호

けんか 싸움. ~を止(と)める 싸움을 말리다

多様(たよう) 다양

活動(かつどう) 활동

おもてなし 마음을 담아서 대우하는 것. 「もてなし」는 대접, 환대라는 뜻. 「もてなし」에 「お」를 붙여 공손하게 말한 것이다.

年月(ねんげつ) 연월. 세월

作(つく)り上(あ)げる 만들어내다. 완성시키다

コミュニティ 커뮤니티(community). 지역사회. 공동사회. 생활공동체

形成(けいせい) 형성

独自(どくじ) 독자

各国(かっこく) 각국

輸出(ゆしゅつ) 수출

役割(やくわり) 역할

果(は)たす 완수하다. 다하다. 달성하다

由来(ゆらい) 유래

明治(めいじ) 메이지. 일본 연호의 하나(1868~1912년)

東京警視庁(とうきょうけいしちょう) 도쿄경시청. 도쿄도(東京都)를 관할기관으로 하는 경찰 기관

設(もう)ける 마련하다. 설치하다

警察署(けいさつしょ) 경찰서

特定(とくてい) 특정

出向(でむ)く (목적한 장소로) 나가다

交替(こうたい) 교대. 교체

立番(たちばん) 서서 망을 봄. 또, 그 사람

番(ばん) ① 차례. ② 교대로 하는 차례. ③ 파수 보는 일. 또 그 사람

勤務(きんむ) 근무

変(か)わる 바뀌다. 변화되다

派出所(はしゅつじょ) 출장소. 파출소

改称(かいしょう) 개칭

創設(そうせつ) 창설

名称(めいしょう) 명칭

定着(ていちゃく) 정착

通用(つうよう) 통용

ほど 정도. 쯤. 만큼

平成(へいせい) 헤이세. 일본 연호의 하나. 쇼와(昭和(しょうわ))의 다음, 레이와(令和(れいわ)) 이전(1989년 1월 8일~2019년 4월 30일)

再(ふたた)び 재차. 다시

새로운 단어

正式(せいしき) 정식
改める(あらためる) 고치다. 변경하다. 개선하다
案内表示板(あんないひょうじばん) 도로표지판
～てある (동사의 ～て형에 붙어) 그 동작의 결과가 계속 또는 존속되고 있음을 나타냄. ~ (되어) 있다
～やすい (동사의 ～ます형에 붙어) ~하기 쉽다(편하다)
独自(どくじ) 독자
制度(せいど) 제도
紹介(しょうかい) 소개
国際語(こくさいご) 국제어
海外(かいがい) 해외
伝わる(つたわる) 전해지다. 전달되다. 알려지다
きっかけ 계기
州立大学(しゅうりつだいがく) 주립대학
特別教授(とくべつきょうじゅ) 특별교수
出版局(しゅっぱんきょく) 출판국
邦題(ほうだい) 방제. 외국에서 수입한 영화나 가요 등에 붙여진 일본어 제목
出版会(しゅっぱんかい) 출판회
著書(ちょしょ) 저서
犯罪(はんざい) 범죄
都市(とし) 도시
駐在所(ちゅうざいしょ) 주재소
管轄地域(かんかつちいき) 관할지역
住民(じゅうみん) 주민
良好(りょうこう) 양호
築く(きずく) 쌓(아 올리)다. 구축하다
同書(どうしょ) 같은 책
執筆(しっぴつ) 집필
数百回(すうひゃっかい) 수백 회
渡る(わたる) 걸치다. (~동안) 계속되다
行う(おこなう) (일을) 하다. 행하다
諸国(しょこく) 제국. 여러 나라
導入(どうにゅう) 도입
維持(いじ) 유지
抑止(よくし) 억지. 억제. 제지
効果(こうか) 효과
認める(みとめる) 인정하다
うなずく 수긍하다. 긍정하다. (고개를) 끄덕이다
相談員(そうだんいん) 상담원
捜査(そうさ) 수사
交通(こうつう) 교통
違反(いはん) 위반
培う(つちかう) 기르다. 배양하다. 가꾸다
知識(ちしき) 지식
経験(けいけん) 경험
生かす(いかす) 살리다
受付(うけつけ) 접수. 접수처
事件(じけん) 사건
現場(げんば) 현장(=げんじょう)
支援(しえん) 지원
被害者(ひがいしゃ) 피해자
救護(きゅうご) 구호
通学路(つうがくろ) 통학로
周辺(しゅうへん) 주변

4．交番制度

雑誌記事

日本は世界でも有数の「治安の良い国」として知られています。また、町がきれいで、人々がマナーを守ることでも知られています。それは、なぜでしょうか。

日本の町には、いたるところに交番があります。そこでは１日24時間、「おまわりさん」が勤務しています。ちなみに、「おまわりさん」とは、警察官を親しみをこめて呼ぶことばです。おまわりさんは町の平和と安全を守るために、地域のパトロールや交通の取り締まり、道に迷った人への道案内、さらには酔っ払いの保護や、けんかを止めに入るなどの多様な活動をしています。

この「交番制度」は、おもてなしの国と呼ばれる日本が、長い年月をかけて作り上げてきたものです。交番制度は、「安心」できるコミュニティを形成するための日本独自の安全システムとして知られ、今では各国に輸出されて、世界の治安を守る大きな役割を果たしています。

では、「交番」という名前はどこから来ているのか、その由来を見ていきましょう。交番制度は、明治七年に初めて日本で生まれました。当時、東京警視庁に「交番所」が初めて設けられたのですが、そのときはまだ、警察官が警察署からある特定の場所に出向いて、交替で立番をするという形がとられていました。「交番所」という名前は、「交替で番をする所」に由来しているものと思われます。

この「交番所」はその後、建物を建ててそこに勤務する現在の形に変わりました。明治14年には「派出所」と改称されましたが、その後も一般的には、警視庁が創設されたときの「交番所」という名称からそのまま「交番」と呼ばれていました。この「交番」という名称が広く定着し、世界でもそのまま通用するほどになったため、平成6年には再び正式名称が「派出所」から「交番」に改められました。

ところで、交番の案内表示板を見てみると、アルファベットで「ＫＯＢＡＮ」と書いてあります。外国人にわかりやすくするためなら、なぜ「ＰＯＬＩＣＥ」ではなく「ＫＯＢＡＮ」と書くのでしょうか。これは、日本独自の制度である交番制度が「ＫＯＢＡＮシステム」としてアメリカで紹介され、その後、国際語として広く知られるようになったためです。

ＫＯＢＡＮシステムが海外に伝わるきっかけになったのは、ニューヨーク州立大学特別教授のデビッド・H・ベイリー氏の研究でした。『FORCES OF ORDER:Police Behavior in Japan and the United States』（カリフォルニア大学出版局、1976年、邦題『ニッポンの警察―そのユニークな交番活動』サイマル出版会、1977年）という著書の中で、彼は、なぜ日本は犯罪が少なく治安が良いのかについて、こう書いています。それは、日本では都市に交番が置かれ、全国各地に駐在所があり、警察官が管轄地域において住民と良好な関係を築いているからだと。ベイリー氏は同書を執筆するために、数百回にわたって日本の警察官にインタビューを行ったそうです。

今ではアメリカやブラジル、アジア諸国で、日本のこのＫＯＢＡＮシステムが導入され、治安維持や犯罪抑止に効果を上げているとされています。「ＫＯＢＡＮ」が広く国際語として認められているのも、うなずけますね。

また、交番にはおまわりさんの他に、交番相談員も勤務しています。交番相談員は、警察官のＯＢです。なので、犯罪の捜査や交通違反等の取り締まりはしませんが、警察官時代に培った知識や経験を生かして、道案内や住民からの相談の受付、事件や事故現場における警察官の活動の支援や被害者の救護、通学路や学校周辺のパトロールなどの活動を行っています。

4. 고반제도(交番制度)

잡지기사

일본은 세계에서도 손가락을 꼽을 정도로 '치안이 좋은 나라'로 알려져 있습니다. 또, 거리가 깨끗하고 사람들이 매너를 지키는 것으로도 알려져 있습니다. 그것은 왜일까요?

일본의 거리에는 가는 곳마다 파출소가 있습니다. 거기에는 하루 24시간 순경이 근무하고 있습니다. 덧붙여 애기하면, 순경이란 경찰관을 친근감을 갖고(애정을 갖고) 부르는 말입니다. 순경은 거리의 평화와 안전을 지키기 위해서, 지역의 패트롤(순찰)이나 교통 단속, 길을 잃고 헤매는 사람에 대한 길 안내, 나아가 술 취한 사람의 보호나 싸움을 말리러 들어가는 등의 다양한 활동을 하고 있습니다.

이 '고반제도'는 오모테나시(마음을 담아서 대우하는 것)의 나라라고 불리는 일본이 오랜 세월에 걸쳐 만들어낸 것입니다. 고반제도는 '안심'할 수 있는 커뮤니티를 형성하기 위한 일본 독자의 안전 시스템으로 알려져 지금은 각국에 수출되었으며, 세계의 치안을 지키는 커다란 역할을 다하고 있습니다.

그러면, '고반'이라는 이름은 어디에서 온 것일까, 그 유래를 살펴봅시다. 고반제도는 메이지 7년(明治 七年, 1874)에 처음으로 일본에서 생겼습니다. 당시, 도쿄경시청(東京警視庁)에 '고반쇼(交番所)'가 처음 설치

되었습니다만, 그때는 아직도 경찰관이 경찰서에서 어떤 특정의 장소로 나가, 교대로 서서 근무한다고 하는 형태가 취해지고 있었습니다. '고반쇼'라는 이름은 '교대(일본어로 고타이(交替))로 보초(반(番))를 서는 곳(쇼(所))'에서 유래한 것이라 생각됩니다.

이 '고반쇼'는 그후, 건물을 세워서 거기에 근무하는 현재의 형태로 바뀌었습니다. 메이지 14년(1881)에는 '파출소(派出所)'로 개칭되었습니다만, 그 후에도 일반적으로는 경시청이 창설되었을 때의 '고반쇼'라는 명칭에서 그대로 '고반'이라고 불리고 있었습니다. 이 '고반'이라는 명칭이 널리 정착하여 세계에서도 그대로 통용될 정도가 되었기 때문에, 헤이세 6년(平成 六年, 1994)에는 다시 정식 명칭이 '파출소'에서 '고반'으로 변경되었습니다.

그런데, 고반의 안내 표시판을 보면, 알파벳으로 'KOBAN'이라고 쓰여 있습니다. 외국인에게 알기 쉽게 하기 위해서라면 왜 'POLICE'가 아니라 'KOBAN'이라고 쓰는 것일까요. 이것은 일본 독자의 제도인 고반제도가 'KOBAN 시스템'으로 미국에서 소개되었고, 그후 국제어로 널리 알려지게 되었기 때문입니다.

고반 시스템이 해외로 전해지는 계기가 된 것은 뉴욕주립대학 특별교수인 데빗·H 베이리 씨의 연구였습니다. 『FORCES OF ORDER: Police Behavior in Japan and the United States』(캘리포니아 대학 출판국, 1976년, 일본어 제목(邦題) 『일본의 경찰-그 유니크한 고반 활동』 사이마루 출판회, 1977년)이라는 저서 속에서, 그는, 왜 일본은 범죄가 적고 치안이 좋은 것인가에 대해서 이렇게 쓰고 있습니다. 그것은 일본에서는 도시에 고반이 설치되고, 전국 각지에 주재소가 있으며, 경찰관이 관할 지역에서 주민과 양호한 관계를 쌓고 있기 때문이라는 것입니다. 베이리 씨는 이 책을 집필하기 위해서 수백 회에 걸쳐 일본의 경찰관에게 인터뷰를 행했다고 합니다.

지금은 미국이나 브라질, 아시아 여러나라에 일본의 이 고반시스템이 도입되어, 치안 유지나 범죄 억제에 효과를 올리고 있습니다. '고반'이 널리 국제어로 인정받고 있는 것도 수긍할 수 있겠지요.

또, 고반에는 순경 외에 고반 상담원도 근무하고 있습니다. 고반 상담원은 경찰관 OB입니다. 때문에, 범죄 수사나 교통 위반 등의 단속은 하지 않습니다. 경찰관 시절에 기른 지식이나 경험을 살려서, 길 안내나 주민의 상담 민원 접수, 사건이나 사고 현장에서의 경찰관의 활동 지원이나 피해자의 구호(救護), 통학로나 학교 주변의 패트롤(순찰) 등의 활동을 행하고 있습니다.

MEMO

5 본문

地産地消の勧め

新聞記事

近年、「ローカルフード」ということばをよく聞くようになった。これは、そのまま日本語にすると「地域の食」「地元の食べ物」、つまり郷土料理のことだ。郷土料理とは、その地域に根付いた産物を使って、その地域ならではの調理方法で作られた、地域で広く伝承されている料理のこと。日本ではローカルフード運動として「地産地消」の動きが活発になっている。「地産地消」とは、「地域生産地域消費」の略語で、その地域でとれた農産物や水産物を、その地域の人たちが消費することを言う。

さて、ここで一度考えてみよう。最近あなたの食卓に並んだ食材、スーパーで目にした食材のうち、あなたの住む地域でとれた食材はどれくらいあるだろうか。例えば、パンや麺類の原料である小麦は、ほとんどが海外からの輸入に頼っている。私たちの食生活は、さまざまな技術の発達によって、遠くの知らない土地でとれた食材がいつでも好きなだけ手に入るようになった。だがその一方で、自分が暮らす地域で育まれた新鮮な食材や季節の恵みを見過ごしがちになってはいないだろうか。

その土地の食材をふんだんに使った郷土料理は、まさに地産地消の理想の形だ。だが、今では、自分の生まれ育った土地の郷土料理を知らない人や、知っていても普段はほとんど食べないという人も多いかもしれない。何でも手に入るようになったこんな時代だからこそ、地域でとれる豊富な野菜や魚、肉などを使った郷土料理を守り、次の世代に伝えることで、地産地消の大切さを改めて感じることができるかもしれない。

では、地産地消のメリットとは何だろうか。消費者の立場からすると、新鮮で安全な食材を直接買えること、本来の「旬」の味を楽しめることなどがある。また、生産者の立場からすると、新鮮で栄養価の高い食材を提供できること、流通コストが減ることなどが挙げられるだろう。私たちの体を作る「食」は、安全でなければならない。だが残念ながら、輸入食品の産地偽装問題など、すべての食品が信頼に足るわけではない。一方で、生産状況が確認でき、生産者の思いを肌で感じることができる地元の食材なら、その安全性を自分の目で直接確かめることができる。生産者はその分、身の引き締まる思いがするはずだ。生産者と消費者のお互いの信頼関係こそ、地産地消の最大のメリットだと言えるだろう。

번역 연습

他にも、環境や経済への好影響が考えられる。遠くから食べ物を輸送するにはエネルギーが必要だが、地産地消ならそのエネルギーが大幅に削減できる。それと同時に、地域の農業が栄え、卸業者や小売業者も活気を帯びるため、経済の活性化が期待できる。地元のものを食べることは、地元を元気にすることにつながるのだ。

번역 연습

地産地消(ちさんちしょう) 지역생산 및 지역소비
勧め(すす) 권장
近年(きんねん) 근년. 근래
ローカルフード 현지 음식
地域(ちいき) 지역
地元(じもと) 그 지방. 그 고장
郷土料理(きょうどりょうり) 향토 요리
根付く(ねづ) 뿌리내리다. 뿌리박다
産物(さんぶつ) 산물. 특정 장소에서 생산되는 물건
ならでは ~이 아니고는
調理(ちょうり) 조리
伝承(でんしょう) 전승
運動(うんどう) 운동
動き(うご) 움직임
地域生産(ちいきせいさん) 지역생산
地域消費(ちいきしょうひ) 지역소비
略語(りゃくご) 약어. 준말
農産物(のうさんぶつ) 농산물
水産物(すいさんぶつ) 수산물
消費(しょうひ) 소비
食卓(しょくたく) 식탁
とれる 얻다
食材(しょくざい) 식자재. 요리 재료
目にする(め) (실제로) 보다
麺類(めんるい) 면류. 국수 종류
原料(げんりょう) 원료
小麦(こむぎ) 소맥. 밀
海外(かいがい) 해외
輸入(ゆにゅう) 수입
頼る(たよ) 의지하다. 믿다
技術(ぎじゅつ) 기술
発達(はったつ) 발달

土地(とち) 토지. 여기서는 태어나고 자란 지역이라는 의미임
手に入る(て はい) 손에 들어오다. 입수하다
その一方(いっぽう) 그런가 하면. 한편
暮らす(く) 살아가다. 지내다
育む(はぐく) 키우다. 기르다
新鮮だ(しんせん) 신선하다
季節の恵み(きせつ めぐ) 계절의 은혜(혜택)
見過ごしがち(みす) 「見過ごす」(못 본 체하다. 간과(看過)하다)의 ます형에 「~がち」가 결합된 것. 「~がち」는 체언 또는 동사의 ます형에 붙어서 그러한 경향이나 상태가 많다는 의미를 부여함
ふんだんに 많게. 충분하게
理想(りそう) 이상
豊富(ほうふ) 풍부
野菜(やさい) 야채
守る(まも) 지키다. 소중히 하다. 보호하다
改めて(あらた) 새삼스럽게. 새롭게 다시 하는 모양. 다른 기회에
メリット 이점. 장점
消費者(しょうひしゃ) 소비자
直接(ちょくせつ) 직접
旬(しゅん) 어패류 · 야채 · 과일 등이 가장 맛드는 철
生産者(せいさんしゃ) 생산자
栄養価(えいようか) 영양가
提供(ていきょう) 제공
流通コスト(りゅうつう) 유통비용
減る(へ) 줄다. 적어지다
挙げられる(あ) 들 수 있다
残念ながら(ざんねん) 안타깝게도. 유감스럽게도
輸入(ゆにゅう) 수입
産地偽装(さんちぎそう) 산지허위기재
信頼に足るわけではない(しんらい た) 충분히 신뢰할 수 있는

새로운 단어

것은 아니다

状況(じょうきょう) 상황

確認(かくにん) 확인

肌(はだ) 피부

確(たし)かめる 확인하다. 분명히 하다

身(み)の引(ひ)き締(し)まる思(おも)い 자신의 안이한 생각이나 행동에 대해서 스스로 심리적 긴장을 하며 제대로 열심히 해 나가야 되겠다는 심경을 나타내는 표현

信頼(しんらい) 신뢰

環境(かんきょう) 환경

経済(けいざい) 경제

好影響(こうえいきょう) 좋은 영향

輸送(ゆそう)する 수송하다

エネルギー 에너지

大幅(おおはば) 큰 폭. 대폭

削減(さくげん) 삭감

農業(のうぎょう) 농업

栄(さか)える 번영하다. 번성하다

卸業者(おろしぎょうしゃ) 도매업자

小売業者(こうりぎょうしゃ) 소매업자

活気(かっき)を帯(お)びる 활기를 띠다

活性化(かっせいか) 활성화

元気(げんき)にする 건강하게 하다. 여기에서는 어떤 지역에 활기를 불어 넣는다는 의미

본문 읽기 및 모범 번역

5．地産地消の勧め

新聞記事

近年、「ローカルフード」ということばをよく聞くようになった。これは、そのまま日本語にすると「地域の食」「地元の食べ物」、つまり郷土料理のことだ。郷土料理とは、その地域に根付いた産物を使って、その地域ならではの調理方法で作られた、地域で広く伝承されている料理のこと。日本ではローカルフード運動として「地産地消」の動きが活発になっている。「地産地消」とは、「地域生産地域消費」の略語で、その地域でとれた農産物や水産物を、その地域の人たちが消費することを言う。

さて、ここで一度考えてみよう。最近あなたの食卓に並んだ食材、スーパーで目にした食材のうち、あなたの住む地域でとれた食材はどれくらいあるだろうか。例えば、パンや麺類の原料である小麦は、ほとんどが海外からの輸入に頼っている。私たちの食生活は、さまざまな技術の発達によって、遠くの知らない土地でとれた食材がいつでも好きなだけ手に入るようになった。だがその一方で、自分が暮らす地域で育まれた新鮮な食材や季節の恵みを見過ごしがちになってはいないだろうか。

その土地の食材をふんだんに使った郷土料理は、まさに地産地消の理想の形だ。だが、今では、自分の生まれ育った土地の郷土料理を知らない人や、知っていても普段はほとんど食べないという人も多いかもしれない。何でも手に入るようになったこんな時代だからこそ、地域でとれる豊富な野菜や魚、肉などを使った郷土料理を守り、次の世代に伝えることで、地産地消の大切さを改めて感じることができるかもしれない。

では、地産地消のメリットとは何だろうか。消費者の立場からすると、新鮮で安全な食材を直接買えること、本来の「旬」の味を楽しめることなどがある。また、生産者の立場からすると、新鮮で栄養価の高い食材を提供できること、流通コストが減ることなどが挙げられるだろう。私たちの体を作る「食」は、安全でなければならない。だが残念ながら、輸入食品の産地偽装問題など、すべての食品が信頼に足るわけではない。一方で、生産状況が確認でき、生産者の思いを肌で感じることができる地元の食材なら、その安全性を自分の目で直接確かめることができる。生産者はその分、身の引き締まる思いがするはずだ。生産者と消費者のお互いの信頼関係こそ、地産地消の最大のメリットだと言えるだろう。

他にも、環境や経済への好影響が考えられる。遠くから食べ物を輸送するにはエネルギーが必要だが、地産地消ならそのエネルギーが大幅に削減できる。それと同時に、地域の農業が栄え、卸業者や小売業者も活気を帯びるため、経済の活性化が期待できる。地元のものを食べることは、地元を元気にすることにつながるのだ。

5. 지역 생산, 지역 소비(地産地消)를 권함

신문기사

근래, '로컬푸드'라는 말을 자주 듣게 되었다. 이것은 그대로 일본어로 하면, '지역의 음식' '그 고장의 먹거리', 즉, 향토 요리를 일컫는다. 향토 요리란, 그 지역에 뿌리내린 생산물을 사용해, 그 지역이 아니고는 할 수 없는 조리 방법으로 만들어진, 지역에서 널리 전승되고 있는 요리를 말한다. 일본에서는 로컬푸드 운동으로 '지역 생산, 지역 소비 (地産地消)' 움직임이 활발해지고 있다. '지역 생산, 지역 소비'를 줄인 말이 지산치쇼(地産地消)로, 그 지역에서 얻은 농산물이나 수산물을 그 지역 사람들이 소비하는 것을 말한다.

그런데, 여기에서 한번 생각해 보자. 최근 당신의 식탁에 나란히 놓인 식자재, 수퍼마켓에서 실제로 본 식자재 중, 당신이 사는 지역에서 얻은 식자재는 어느 정도 있을까. 예를 들면, 빵이나 면 종류의 원료인 밀가루는 대부분 해외에서 수입하는 것에 의존하고 있다. 우리들의 식생활은 다양한 기술발달에 의해, 먼 곳의 모르는 땅에서 얻은 식자재를 언제라도 원하는 만큼 손에 넣을 수 있게 되었다. 그렇지만, 그 한편으로, 자신이 살아가는 지역에서 길러진 신선한 식자재나 계절의 혜택을 많이 간과하고 있지는 않는지.

그 땅(지역)의 식자재를 많이 사용한 향토 요리는, 바로 지역 생산, 지역 소비의 이상적인 형태이다. 그렇지만, 지금은 자신이 태어나고 자란 땅의 향토 요리를 모르는 사람이나, 알고 있어도 평소에는 거의 먹지 않는다는 사람도 많을지 모른다. 무엇이든 손에 넣게 된 이런 시대야말로, 지역에서 나는 풍부한 채소나 물고기, 고기 등을 사용한 향토 요리를 지키며, 다음 세대에 전함으로써, 지역 생산, 지역 소비의 소중함을 새삼 느낄 수 있을지도 모른다.

그러면, 지역 생산, 지역 소비의 장점은 무엇일까. 소비자 입장에서 보면, 신선하고 안전한 식자재를 직접 살 수 있는 것, 본래의 '제철'의 맛을 즐길 수 있는 것 등이 있다. 또한, 생산자 입장에서 보면, 신선하고 영양가 높은 식자재를 제공할 수 있는 것, 유통 비용이 줄어드는 것, 등을 들 수 있을 것이다. 우리들의 몸을 만드는 '식(食)'은 안전하지 않으면 안 된다. 그렇지만 유감스럽게도, 수입 식품의 생산지 허위 기재 문제 등, 모든 식품을 충분히 신뢰할 수 있는 것은 아니다. 한편으로, 생산상황을 확인할 수 있고, 생산자의 생각을 피부로 느낄 수 있는 그 고장의 식자재라면, 그 안전성을 자신의 눈으로 직접 확인할 수가 있다. 생산자는 그만큼, 긴장하며 잘해야 되겠다는 생각이 들 것이다. 생산자와 소비자가 서로 신뢰하는 관계야말로, 지역 생산, 지역 소비의 최대의 장점이라고 할 수 있을 것이다.

그 밖에도, 환경이나 경제에 대한 좋은 영향을 생각할 수 있다. 먼 곳에서 먹거리를 수송하려면 에너지가 필요하지만, 지역 생산, 지역 소비라면 그 에너지를 대폭 삭감할 수 있다. 그와 동시에 지역의 농업이 번창하고, 도매업자나 소매업자도 활기를 띠기 때문에, 경제 활성화를 기대할 수 있다. 그 고장의 것을 먹는 일은 그 고장을 활기차게 하는 것으로 이어진다.

MEMO

본문

6 世間の面白い雑学

1）食べられるコーヒーカップ

雑誌記事

近年、日本では多くの飲食店がプラスチック製ストローをやめて、トウモロコシ原料のストローを提供するようになりました。また、環境にやさしく美味しいということで、食べられるコーヒーカップも注目を集めています。

愛知県（あいちけん）にある製菓会社は、アイスクリームのコーンを製造していましたが、2011年頃から、一膳あたりサラダ1皿分ほどの食物繊維を含んでいる「食べられるトレー（器）」や、い草を原料にしたお箸などを開発してきました。食器が食べられないまま捨てられてしまわないようにするため、同社は開発に際して食器の味がよりおいしくなるよう努力を重ねています。例えば、エビを使ったエビ味の食器のほか、タマネギ味や焼きトウモロコシ味のトレーもあります。

日本の食品業界は、過剰包装や大量のプラスチックごみなどの問題に悩んでいます。統計によると、日本では毎年約940万トンのプラごみが発生し、国民1人あたりのプラごみ発生量は世界第2位です。日本の各界は効果的な措置をとってプラごみを減らしたいと考えています。

2）スパコンと天気予報

雑誌記事

日本でスーパーコンピューター、略して「スパコン」を使った気象予測が天気予報に取り入れられてから、60余年になります。これまで、スパコンは数年に一度のペースで最新鋭の機種に更新されており、2018年度の導入費用は40億円で、この先５年で60億円の費用が掛かる見込みだといいます。

豪雨などの予想に使う「局地モデル」では、いまや2キロメートル単位の細かさで大気の状態を計算でき、人工知能（AI）を使って、より正確に豪雨の発生の可能性をつかむ研究

번역 연습

も進んでいます。このような成果をみていると、数日後の熱帯低気圧の発生を予想できないことなどないようにも思えるのですが、現実は厳しいようです。

いくら計算機を更新しても予想に限界があるのは、熱帯低気圧が発生し、それが台風へと発達していく物理的なメカニズムが解明しきれていないし、AIなどは過去データは活かせるものの、珍しいパターンだとなかなか正確な判定に結びつかないからなのでしょう。そのため、気象庁で実際に天気の予想をする気象予報官にも、さまざまな資料を基にして、スパコンでは計算しきれないものを読み取る役割が期待されています。

3）たった三人の織物会社

雑誌記事

東京の銀座ビジネスエリアには、「アジアで最も地価が高い場所」と呼ばれるブロックに「フォーチュン・グローバル500」に並ぶ日本企業が集まるだけでなく、百年の歴史をもつ老舗も数百店舗あります。日本には創業100年以上になる企業が2万社以上あり、その大半が中小企業で、「メイド・イン・ジャパン」の根幹を支える存在です。統計によれば、日本の技術革新の55％は中小企業が達成したものだといいます。

そのような企業の一つが、和歌山県の高野山のふもとにある従業員わずか3人の織物会社です。1937年に創業、1991年には経営難を乗り越え、技術革新を重ねてきました。ここで織られる数百種類に上るフェイクファーは、他にはない技術が認められ、今や世界のファッションブランドから注目されています。

このように3人で国際ブランド向けに商品生産・出荷ができるのは、完成までの40もの工程を、この地域の他の同業7社と分業しているからでもあります。高野山のふもと地域は、江戸時代末期に織物産業が興り、明治期に入ってからヨーロッパから織物技術がもたらされたという生地作りの歴史があります。このような長年培われてきた地域全体の織物技術の高さこそが、この織物の品質を支えているのです。

번역 연습

1) 食べられるコーヒーカップ

世間(せけん) 세상

面白い(おもしろ) 재미있다

雑学(ざつがく) 잡학.

近年(きんねん) 근년. 요 몇 해 사이

飲食店(いんしょくてん) 음식점

プラスチック製(せい) 플라스틱제품

ストロー 빨대

トウモロコシ 옥수수

原料(げんりょう) 원료

提供(ていきょう) 제공

環境(かんきょう) 환경

注目(ちゅうもく) 주목

集める(あつ) 모으다. 집중시키다

愛知県(あいちけん) 아이치현

製菓会社(せいかがいしゃ) 제과회사

アイスクリーム 아이스크림

コーン 콘

製造(せいぞう) 제조

一膳(いちぜん) 한 그릇

～あたり 단위를 나타내는 말 뒤에 붙어 접미사로 사용될 때에는「~당」,「~에」의 의미를 나타낸다.

サラダ１皿分(ひとさらぶん) 샐러드 한 접시 분량

食物繊維(しょくもつせんい) 식물섬유

含む(ふく) 포함하다

トレー 쟁반

器(うつわ) 그릇. 사람의 도량

い草(ぐさ) 골풀. 등심초

お箸(はし) 젓가락

開発(かいはつ) 개발

食器(しょっき) 식기

捨てる(す) 버리다

同社(どうしゃ) 동일한 회사. 앞에서 언급한 회사

～に際して(さい) ~에 즈음하여. ~에 있어서

味(あじ) 맛

努力(どりょく) 노력

重ねる(かさ) 반복하다.겹치다. 중첩하다

例えば(たと) 예를 들면

エビ 새우

タマネギ味(あじ) 양파맛

焼き(や)トウモロコシ味(あじ) 구운 옥수수 맛

業界(ぎょうかい) 업계

過剰包装(かじょうほうそう) 과대포장

大量(たいりょう) 대량

プラスチックごみ 플라스틱 쓰레기

悩む(なや) 번민하다. 걱정하다. 고민하다

統計(とうけい) 통계

毎年(まいとし) 매년

約(やく) 약

プラごみ 플라스틱쓰레기의 준말

発生(はっせい) 발생

国民(こくみん) 국민

発生量(はっせいりょう) 발생량

世界(せかい) 세계

各界(かくかい) 각계

効果的だ(こうかてき) 효과적이다

措置(そち) 처치

減らす(へ) 줄이다. 감소시키다

2) スパコンと天気予報

スパコン(スーパーコンピューター) 슈퍼컴퓨터

天気予報(てんきよほう) 일기예보

気象予測(きしょうよそく) 기상예측

取り入れる(と い) 도입하다

새로운 단어

余年(よねん) 여년
数年(すうねん) 수년. 몇 년

ペース 페이스. 속도
最新鋭(さいしんえい) 최신예
機種(きしゅ) 기종
更新(こうしん) 갱신
導入費用(どうにゅうひよう) 도입비용
費用(ひよう)が掛(か)かる 비용이 들다
見込(みこ)み 전망. 예측. 예상
豪雨(ごうう) 호우
予想(よそう) 예상
局地(きょくち)モデル 국지모델. 관찰대상지역을 2km로 세분화하고 하루 24회의 높은 빈도로 관찰을 함으로써, 10시간 이후의 기상상태를 보다 정밀하게 예측할 수 있게 한 슈퍼컴퓨터의 한 모델
単位(たんい) 단위

いまや 지금이야말로. 지금은
大気(たいき) 대기
状態(じょうたい) 상태
計算(けいさん) 계산
人工知能(じんこうちのう)(AI) 인공지능
発生(はっせい) 발생
可能性(かのうせい) 가능성
掴(つか)む 사로잡다. 움켜잡다
進(すす)む 진행되다. 나아가다
成果(せいか) 성과
数日後(すうじつご) 며칠 후
熱帯低気圧(ねったいていきあつ) 열대저기압
計算機(けいさんき) 계산기
限界(げんかい) 한계
台風(たいふう) 태풍
発達(はったつ) 발달

物理的(ぶつりてき)だ 물리적이다

メカニズム(mechanism) 메커니즘
解明(かいめい) 해명
過去(かこ) 과거

データ(data) 데이터
活(い)かす 활용하다. 쓸모있게 사용하다

パターン(pattern) 패턴
判定(はんてい) 판정
~に結(むす)びつく ~로 연관되다. ~로 관련되다. ~로 연결되다
予報官(よほうかん) 예보관
資料(しりょう) 자료
基(もと)にする 근간으로 하다. 기초로 하다
読(よ)み取(と)る 읽어내다. 파악하다
役割(やくわり) 역할
期待(きたい) 기대

3) たった三人の織物会社

たった 기껏해야. 고작
織物会社(おりものがいしゃ) 직물회사
銀座(ぎんざ) 긴자. 도쿄(東京) 주오쿠(中央区)의 지명

ビジネスエリア 상업지구. 비지니스분야

アジア 아시아
最(もっと)も 가장. 무엇보다도
地価(ちか) 땅값

ブロック 블록

フォーチュン・グローバル500 미국의 포춘지가 매년 1회 발표하고 있는 전세계 회사들의 총수익 랭킹이며 동시에 정액제 기업정보 데이터베이스
~に並(なら)ぶ ~와 어깨를 나란히 하다. ~와 견주다. ~와 필적하다
日本企業(にほんきぎょう) 일본기업

새로운 단어

集(あつ)まる 모이다
歴史(れきし) 역사
老舗(しにせ) 노포
店舗(てんぽ) 점포
創業(そうぎょう) 창업
以上(いじょう) 이상
大半(たいはん) 과반. 대부분
中小企業(ちゅうしょうきぎょう) 중소기업
根幹(こんかん) 근간
支(ささ)える 지지하다. 지탱하다. 버팀목이 되다
統計(とうけい) 통계
技術(ぎじゅつ) 기술
革新(かくしん) 혁신
達成(たっせい) 달성
和歌山県(わかやまけん) 와카야마현
高野山(こうやさん) 고야산. 와카야마현에 위치하고 있는 진언밀교(真言密教)의 성지
ふもと 산기슭
従業員(じゅうぎょういん) 종업원
わずかだ (수량이나 정도 등이) 조금이다. 약간이다
経営難(けいえいなん) 경영난
乗(の)り越(こ)える 극복하다
織(お)る 섬유 등을 짜다
種類(しゅるい) 종류
フェイクファー(fake fur) 가죽을 모방하여 만든 인조가죽이나 인조털
認(みと)める 인정하다. 증명하다
世界(せかい) 세계
ファッションブランド 패션브랜드
国際(こくさい)ブランド向(む)け 국제적으로 유통되는 유명브랜드를 대상으로 함
商品生産(しょうひんせいさん) 상품생산
出荷(しゅっか) 출하
完成(かんせい) 완성
工程(こうてい) 공정
同業(どうぎょう) 동업
分業(ぶんぎょう) 분업
織物産業(おりものさんぎょう) 직물산업
興(おこ)る 부흥하다. 일어나다. 성하다
もたらす 초래하다
生地作(きじづく)り 옷감 만들기
長年(ながねん) 여러 해. 오랜 세월
培(つちか)う 기르다. 배양하다. 가꾸다
品質(ひんしつ) 품질

본문 읽기 및 모범 번역

6．世間の面白い雑学

1）食べられるコーヒーカップ

雑誌記事

近年、日本では多くの飲食店がプラスチック製ストローをやめて、トウモロコシ原料のストローを提供するようになりました。また、環境にやさしく美味しいということで、食べられるコーヒーカップも注目を集めています。

愛知県にある製菓会社は、アイスクリームのコーンを製造していましたが、2011年頃から、一膳あたりサラダ1皿分ほどの食物繊維を含んでいる「食べられるトレー（器）」や、い草を原料にしたお箸などを開発してきました。食器が食べられないまま捨てられてしまわないようにするため、同社は開発に際して食器の味がよりおいしくなるよう努力を重ねています。例えば、エビを使ったエビ味の食器のほか、タマネギ味や焼きトウモロコシ味のトレーもあります。

日本の食品業界は、過剰包装や大量のプラスチックごみなどの問題に悩んでいます。統計によると、日本では毎年約940万トンのプラごみが発生し、国民１人あたりのプラごみ発生量は世界第2位です。日本の各界は効果的な措置をとってプラごみを減らしたいと考えています。

6. 세상의 재미있는 잡학

1) 먹을 수 있는 커피 컵

잡지기사

근래, 일본에서는 많은 음식점이 플라스틱으로 만든 빨대를 중단하고 옥수수 원료로 만든 빨대를 제공하게 되었습니다. 또한, 환경에 좋고 맛있다는 사실로, 먹을 수 있는 커피 컵도 주목을 받고 있습니다.

아이치현(愛知県)에 있는 제과 회사는 아이스크림의 콘을 제조하고 있었습니다만, 2011년 무렵부터 밥 한 그릇 당 샐러드 한 접시 분량만큼의 식물섬유를 포함한 먹을 수 있는 쟁반(그릇)이나, 등심초를 원료로 한 젓가락 등을 개발해 왔습니다. 식기를 먹지도 못 한 채 버려지고 마는 일이 없도록 하기 위해, 이 회사는 개발에 즈음하여 식기의 맛이 보다 좋아지도록 노력을 거듭하고 있습니다. 예를 들면, 새우를 사용한 새우 맛의 식기

외에, 양파 맛이나 구운 옥수수 맛의 그릇도 있습니다.

일본의 식품업계는, 과잉포장이나 대량의 플라스틱 쓰레기 등의 문제로 고민하고 있습니다. 통계에 따르면, 일본에서는 매년 약 940만 톤의 플라스틱 쓰레기가 발생하며, 국민 1인당 플라스틱 발생량은 세계 제2위입니다. 일본의 여러 업계는 효과적인 조치를 취해 플라스틱 쓰레기를 줄이고 싶은 생각을 하고 있습니다.

2）スパコンと天気予報

雑誌記事

日本でスーパーコンピューター、略して「スパコン」を使った気象予測が天気予報に取り入れられてから、60余年になります。これまで、スパコンは数年に一度のペースで最新鋭の機種に更新されており、2018年度の導入費用は40億円で、この先５年で60億円の費用が掛かる見込みだといいます。

豪雨などの予想に使う「局地モデル」では、いまや2キロメートル単位の細かさで大気の状態を計算でき、人工知能（AI）を使って、より正確に豪雨の発生の可能性をつかむ研究も進んでいます。このような成果をみていると、数日の熱帯低気圧の発生を予想できないことなどないようにも思えるのですが、現実は厳しいようです。

いくら計算機を更新しても予想に限界があるのは、熱帯低気圧が発生し、それが台風へと発達していく物理的なメカニズムが解明しきれていないし、AIなどは過去データは活かせるものの、珍しいパターンだとなかなか正確な判定に結びつかないからなのでしょう。そのため、気象庁で実際に天気の予想をする気象予報官にも、さまざまな資料を基にして、スパコンでは計算しきれないものを読み取る役割が期待されています。

2) 슈퍼컴퓨터와 일기예보

잡지기사

일본에서 슈퍼컴퓨터를 사용한 기상예측이 일기예보에 도입된지 60여 년이 됩니다. 지금까지 슈퍼컴퓨터는 몇 년에 한 번의 페이스로 최신예 기종으로 갱신되었으며, 2018년도 도입비용은 40억 엔으로, 앞으로 5년 동안에 60억 엔의 비용이 들 것으로 예상된다고 합니다.

호우 등의 예상에 사용하는 '국지(局地)모델'로는, 이제는 2킬로미터 단위로 자세하게 대기의 상태를 계산할 수 있으며, 인공지능(AI)을 사용해서 보다 정확하게 호우 발생 가능성을 파악하는 연구도 진행하고 있습니다. 이러한 성과를 보고 있으면, 며칠 후의 열대저기압의 발생을 예상할 수 없는 그런 일은 없을 것처럼 생각할 수 있겠습니다만, 현실은 쉽지 않은 것 같습니다.

아무리 계산기를 새롭게 바꾸어도 예상에 한계가 있는 것은, 열대저기압이 발생하여 그것이 태풍으로 발달해 가는 물리적인 메카니즘을 (현재는) 완전히 해명하지 못한 상태이며, AI 등은 과거 데이터를 활용할 수는 있지만 보기 드문 패턴이라면 매우 정확한 판정으로 연결되지 않기 때문일 것입니다. 그 때문에, 기상청에서 실제로 날씨를 예상하는 예보관에게도 여러 자료를 바탕으로 하여 슈퍼컴퓨터로는 계산할 수 없는 것을 파악하는 역할을 기대하고 있습니다.

3）たった三人の織物会社

雑誌記事

東京の銀座ビジネスエリアには、「アジアで最も地価が高い場所」と呼ばれるブロックに「フォーチュン・グローバル500」に並ぶ日本企業が集まるだけでなく、百年の歴史をもつ老舗も数百店舗あります。日本には創業100年以上になる企業が2万社以上あり、その大半が中小企業で、「メイド・イン・ジャパン」の根幹を支える存在です。統計によれば、日本の技術革新の55％は中小企業が達成したものだといいます。

そのような企業の一つが、和歌山県の高野山のふもとにある従業員わずか3人の織物会社です。1937年に創業、1991年には経営難を乗り越え、技術革新を重ねてきました。ここで織られる数百種類に上るフェイクファーは、他にはない技術が認められ、今や世界のファッションブランドから注目されています。

このように3人で国際ブランド向けに商品生産・出荷ができるのは、完成までの40もの工程を、この地域の他の同業7社と分業しているからでもあります。高野山のふもと地域は、江戸時代末期に織物産業が興り、明治期に入ってからヨーロッパから織物技術がもたらされたという生地作りの歴史があります。このような長年培われてきた地域全体の織物技術の高さこそが、この織物の品質を支えているのです。

3) 겨우 세 사람의 직물회사

잡지기사

도쿄의 긴자(銀座) 비즈니스 에어리어(business area)에는 '아시아에서 가장 땅값이 비싼 장소'라고 불리는 블록에 '포춘(Fortune)·글로벌 500'과 어깨를 나란히 하는 일본기업이 모여 있을 뿐만 아니라, 백년의 역사를 가진 노포(老舗)도 수백 개가 있습니다. 일본에는 100년 이상이 되는 기업이 2만 개 이상이 있으며, 그 대부분이 중소기업으로, '메이드 인 재팬'의 근간을 떠받치는 존재입니다. 통계에 따르면, 일본 기술혁신의 55%는 중소기업이 달성한 것이라고 합니다.

그러한 기업의 하나가 와카야마현(和歌山県)의 고야산(高野山) 기슭에 있는 종업원 불과 세 명의 직물회사입니다. 1937년에 창업, 1991년에는 경영난을 극복하고 기술혁신을 거듭해 왔습니다. 여기에서 짜는 수백 종류가 넘는 페이크퍼(fake fur, 인조털)는 다른 곳에는 없는 기술을 인정받아, 이제는 세계 패션 브랜드로부터 주목받고 있습니다.

이처럼 세 명으로 국제 브랜드를 대상으로 한 상품 생산·출하가 가능한 것은 완성까지 40개나 되는 공정을, 이 지역의 다른 동종 회사 7개와 분업하고 있기 때문이기도 합니다. 고야산 기슭 지역은 에도시대(江戸時代) 말기에 직물산업이 흥하였고, 메이지시대(明治時代)에 들어오고 난 후 유럽에서 직물기술이 들어오게 되었다는 원단 제작의 역사가 있습니다. 바로 이러한 오랫동안 배양되어 온 지역 전체의 높은 직물기술이 이 직물의 품질을 떠받치고 있는 것입니다.

MEMO

본문 7

鹿児島のとんかつ屋「楽天」

グルメブログ

鹿児島(かごしま)中央駅の南口から歩いて5分ほどの静かな住宅街に、35年連続で「日本のとんかつ屋10名店」に選ばれたうえ、ミシュランガイドの三つ星にかがやくとんかつ屋「楽天」が店を構えています。「楽天」という店の名前は、初代の社長が中国の有名な詩人・白楽天に憧れて付けたとか。明治39年創業の老舗であり、マスコミにも多く取り上げられている行列店で、日本中のとんかつファンを唸らせるとんかつ界の伝説です。

黒豚の名産地として全国にその名を轟かせている鹿児島であるだけに、店で使う豚肉にも当然、鹿児島産の黒豚を厳選して使います。初代からずっと取引をしてきた業者から、毎日約30種類以上の豚の銘柄を見せてもらい、その中から最高のものを選んで、その日に使います。店で取り扱うのは豚の「ヒレ」と「ロース」部分のみ。もし、当日の豚肉が社長の気に入らないときには、仕入れをせずに、いっさい店の営業をしません。それが初代からの店の伝統であり、決まりです。それで、代々の社長のニックネームは「とんかつに狂ったがんこ親父」。

揚げ油は、豚のバラ肉から丁寧に取った油5割に国産のごま油5割を混ぜたものを使います。そうすることで、揚げたときに「ヒレ」と「ロース」が持っている脂にさらにバラ肉の油が加わり、ひときわコクと香ばしさが際立つのです。バラ肉の油やごま油がヒレやロースの脂と合わさることで、その味がしつこくなるのではないかと思うかもしれませんが、それは心配ご無用。油と脂の絶妙なバランスが、鹿児島産黒豚肉本来の究極の味を生み出します。

そして、サクサク食感のもとである衣は、とんかつの味を邪魔しないように、塩分や糖度の少ない生パン粉を肉にたっぷりとまとわせて、低温でじっくりと揚げます。それによって、肉本来の柔らかさや旨味を最大限に引き出すのです。揚げたパン粉の具合もほどよく柔らかく、食べやすいでしょう。固いパン粉で上あごを痛めたりした経験のある人にはお勧めの一品です。

分厚い「ヒレ」や「ロース」を使いますので、カツの断面はほんのりとしたピンク色です。当然、圧巻のボリューム感。揚げたてのとんかつを一口噛めば、外はサクサク、中はジューシー、インパクトのある上品な味の饗宴が口の中から体中へ響き渡ります。まさし

번역 연습

く、うっとりとした気分になる至福のひと時。是非、ご堪能あれ。

なお、付け合わせの千切りのキャベツのシャキシャキ感や旨味、信濃の赤みそで作った赤出し味噌汁、そして、秋田のコシヒカリを用いた炊き立てのご飯も、とんかつと良く合い、一段と主役の旨味を引き立ててくれます。まさに名脇役と言えるでしょう。その上、店は客あしらいもうまくて、非常に心地よいのです。

번역 연습

鹿児島(かごしま) 가고시마시(鹿児島市)를 의미함

とんかつ屋(や) 돈가스집

住宅街(じゅうたくがい) 주택가

連続(れんぞく) 연속

選(えら)ばれたうえ 「選ばれた」(뽑혔다. 선택됐다)에「うえ」가 결합됨. ~선택되었을 뿐만 아니라. ~선택된 데다가

ミシュランガイド 미슐랭가이드

かがやく 빛나다. 반짝이다

構(かま)える (가게를)꾸미다. 차리다

詩人(しじん) 시인

白楽天(はくらくてん) 백락천. 중국 중당기(中唐期)의 시인

憧(あこが)れる 동경하다. 그리워하다

創業(そうぎょう) 창업

老舗(しにせ)(=ろうほ) 노포. 대대로 내려온 전통있는 가게나 회사

マスコミ 대중매체. 매스컴

行列店(ぎょうれつてん) 손님이 줄을 서는 가게

唸(うな)る 신음하다

伝説(でんせつ) 전설

黒豚(くろぶた) 흑돼지

轟(とどろ)く 여기서는 세상에 널리 알려지다. 유명해지다는 뜻

厳選(げんせん) 엄선

取引(とりひき) 거래. 흥정

業者(ぎょうしゃ) 업자

銘柄(めいがら) 상품 중에서도 특히 일류 상품. 상품명

取(と)り扱(あつか)う 취급하다

ヒレ 안심살

ロース 등심살

部分(ぶぶん) 부분

気(き)に入(い)る 마음에 들다. 만족하다

仕入(しい)れ 매입. 구입

せずに ~하지 않고(= しないで)

いっさい 일절. 전혀. 일체. 모두. 전부

営業(えいぎょう) 영업

伝統(でんとう) 전통

決(き)まり 규칙. 법칙

ニックネーム 닉네임. 별명. 애칭

狂(くる)う 미치다. 지나치게 열중하다

がんこ親父(おやじ) 완고한 주인장

揚(あ)げ油(あぶら) 튀김용 기름

豚(ぶた)のバラ肉(にく) 돼지 삼겹살

丁寧(ていねい)に 정성스럽게

国産(こくさん) 국산

ごま油(あぶら) 참기름

混(ま)ぜる 섞다. 혼합하다

揚(あ)げる 기름에 튀기다

脂(あぶら) 기름

加(くわ)わる 가해지다. 더해지다

ひときわ 한층 더. 눈에 띄게. 유달리

コク 감칠맛

香(こう)ばしい 음식 냄새가 좋다. 향기롭다. 구수하다

際立(きわだ)つ 뛰어나다. 두드러지다. 눈에 띄다

合(あ)わさる 합쳐지다. 어울리다

しつこい 기름기가 많아서 싫은 느낌을 나타내는 말. 산뜻하지 않다. 느끼하다

無用(むよう) 필요 없음. 쓸데없음

絶妙(ぜつみょう) 절묘

究極(きゅうきょく) 궁극(적)

生(う)み出(だ)す 새로 만들어 내다. 산출하다

サクサク (연한 배나 과자 등을 자꾸 씹을 때 나는 경쾌한 소리) 사각사각. 사박사박

食感(しょっかん) 식감

衣(ころも) 튀김 등의 거죽에 입힌 것

새로운 단어

邪魔(じゃま) 방해. 저해

塩分(えんぶん) 염분

糖度(とうど) 당도

生(なま)パン粉(こ) 생빵가루

たっぷり 듬뿍. 푹. 많이

まとう 입히다. 달라붙다

低温(ていおん) 저온

じっくり (침착하게 시간을 들여 정성껏 하는 모양) 천천히. 차분히

柔(やわ)らかさ 부드러움

旨味(うまみ) 풍미. 감칠맛

最大限(さいだいげん) 최대한

引(ひ)き出(だ)す 끌어내다. 끄집어 내다

上(うわ)あご 입천장

痛(いた)める 아프게 하다. 고통을 주다

一品(いっぴん) 일품

分厚(ぶあつ)い 두껍다. 두툼하다

断面(だんめん) 단면

ほんのりと (희미하게 나타나는 모양) 희미하게. 은은하게

圧巻(あっかん) 압권

ボリューム感(かん) 볼륨감. 양이 많음. 풍성함

揚(あ)げたて 갓 튀긴

一口(ひとくち) 한입

噛(か)む 씹다. 물다

ジューシー 육즙이 많고 맛난 것

インパクト 임팩트. 충격

上品(じょうひん) 고상함. 품위가 있음

饗宴(きょうえん) 향연. 연회

響(ひび)き渡(わた)る 울려퍼지다

まさしく 정말로. 확실히. 틀림없이

うっとり 황홀한 모양. 마음이 사로 잡혀 멍한 모양

至福(しふく) 더 없는 행복. 극히 행복함

ひと時(とき) 잠시 동안. 일시적인 짧은 시간

是非(ぜひ) 부디. 아무쪼록. 제발. 꼭

堪能(たんのう) 충분히 만족하는 것. ご堪能あれ(즐기시기 바랍니다)

付(つ)け合(あ)わせ 주된 요리에 곁들이는 것

千切(せんぎ)り 양배추나 당근 등을 잘게 자른 것. 채친 것

キャベツ 양배추

シャキシャキ感(かん) 아삭아삭함

信濃(しなの) 시나노. 나가노현(長野県)의 옛 이름

赤(あか)みそ (보리 메주를 섞어 만든) 적갈색의 된장

赤出(あかだ)し味噌汁(みそしる) 붉은 된장국

秋田(あきた) 아키타현. 또는 그 현청 소재지

コシヒカリ 고시히카리(벼 품종의 하나)

炊(た)き立(た)てのご飯(はん) 갓 지은 밥

主役(しゅやく) 주역

名脇役(めいわきやく) (영화나 드라마 등에서) 주연을 돋보이게 하면서 주연 이상의 존재감조차도 느끼게하는 조연

客(きゃく)あしらい 손님접대

心地(ここち)よい 기분이 좋다

본문 읽기 및 모범 번역

7．鹿児島のとんかつ屋「楽天」

グルメブログ

鹿児島中央駅の南口から歩いて5分ほどの静かな住宅街に、35年連続で「日本のとんかつ屋10名店」に選ばれたうえ、ミシュランガイドの三つ星にかがやくとんかつ屋「楽天」が店を構えています。「楽天」という店の名前は、初代の社長が中国の有名な詩人・白楽天に憧れて付けたとか。明治39年創業の老舗であり、マスコミにも多く取り上げられている行列店で、日本中のとんかつファンを唸らせるとんかつ界の伝説です。

黒豚の名産地として全国にその名を轟かせている鹿児島であるだけに、店で使う豚肉にも当然、鹿児島産の黒豚を厳選して使います。初代からずっと取引をしてきた業者から、毎日約30種類以上の豚の銘柄を見せてもらい、その中から最高のものを選んで、その日に使います。店で取り扱うのは豚の「ヒレ」と「ロース」部分のみ。もし、当日の豚肉が社長の気に入らないときには、仕入れをせずに、いっさい店の営業をしません。それが初代からの店の伝統であり、決まりです。それで、代々の社長のニックネームは「とんかつに狂ったがんこ親父」。

揚げ油は、豚のバラ肉から丁寧に取った油5割に国産のごま油5割を混ぜたものを使います。そうすることで、揚げたときに「ヒレ」と「ロース」が持っている脂にさらにバラ肉の油が加わり、ひときわコクと香ばしさが際立つのです。バラ肉の油やごま油がヒレやロースの脂と合わさることで、その味がしつこくなるのではないかと思うかもしれませんが、それは心配ご無用。油と脂の絶妙なバランスが、鹿児島産黒豚肉本来の究極の味を生み出します。

そして、サクサク食感のもとである衣は、とんかつの味を邪魔しないように、塩分や糖度の少ない生パン粉を肉にたっぷりとまとわせて、低温でじっくりと揚げます。それによって、肉本来の柔らかさや旨味を最大限に引き出すのです。揚げたパン粉の具合もほどよく柔らかく、食べやすいでしょう。固いパン粉で上あごを痛めたりした経験のある人にはお勧めの一品です。

分厚い「ヒレ」や「ロース」を使いますので、カツの断面はほんのりとしたピンク色です。当然、圧巻のボリューム感。揚げたてのとんかつを一口噛めば、外はサクサク、中はジューシー、インパクトのある上品な味の饗宴が口の中から体中へ響き渡ります。まさしく、うっとりとした気分になる至福のひと時。是非、ご堪能あれ。

なお、付け合わせの千切りのキャベツのシャキシャキ感や旨味、信濃の赤みそで作った赤出し味噌汁、そして、秋田のコシヒカリを用いた炊き立てのご飯も、とんかつと良く合い、一段と主役の旨味を引き立ててくれます。まさに名脇役と言えるでしょう。その上、店は客あしらいもうまくて、非常に心地よいのです。

7. 가고시마(鹿児島)의 돈가스집 '라쿠텐(楽天)'

구루메블로그

가고시마(鹿児島) 중앙역의 남쪽 출구에서 걸어서 5분 정도의 조용한 주택가에 35년 연속으로 '일본의 유명한 돈가스 가게 열 곳'으로 뽑혔을 뿐 아니라, 미슐랭 가이드로부터 빛나는 세 개의 별을 받은 돈가스집 '라쿠텐(楽天)'이 가게를 꾸리고 있습니다. '라쿠텐'이라는 가게의 이름은, 초대 사장이 중국의 유명한 시인·백낙천(白楽天)을 동경하여 붙였다든가. 메이지(明治) 39년(1906) 창업의 노포이며, 매스컴에도 자주 다루어진 (사람들이) 줄지어 서는 가게로, 전일본의 돈가스 팬으로 하여금 탄성을 자아내게 하는 돈가스 업계의 전설입니다.

흑돼지 명산지로 전국에 그 이름을 떨치고 있는 가고시마인 만큼, 가게에서 사용하는 돼지고기에도 당연히 가고시마산 흑돼지를 엄선해서 사용합니다. 초대부터 줄곧 거래를 해온 업자가 매일 약 30종류 이상의 돼지 상품을 보여주고, 그 중에서 최고의 것을 골라, 당일에 사용합니다. 가게에서 취급하는 것은 돼지의 '안심살'과 '등심살' 부분뿐. 만일, 그날의 돼지고기가 사장의 마음에 들지 않을 때는, 매입을 하지 않고, 가게 영업을 전혀 하지 않습니다. 그것이 초대 때부터의 가게 전통이고 규칙입니다. 그래서 대대로 사장의 별명은 '돈가스에 미친 완고한 주인장'.

튀김용 기름은 돼지 삼겹살에서 정성스럽게 얻은 기름 5할에 국산 참기름 5할을 섞은 것을 사용합니다. 그렇게 함으로써 튀겼을 때 '안심살'과 '등심살'이 가진 기름에 다시 돼지 삼겹살의 기름이 더해져, 한결 감칠맛과 향기로움이 두드러지는 것입니다. 돼지 삼겹살 기름이나 참기름이 안심살이나 등심살 기름과 합쳐짐으로써 그 맛이 느끼하지 않을까 하는 생각을 할지도 모릅니다만, 그것은 걱정할 필요 없습니다. 기름과 고기 기름의 절묘한 밸런스가 가고시마산 흑돼지 본래의 궁극적인 맛을 만들어냅니다.

그리고 사박사박한 식감의 바탕인 옷은 돈가스 맛을 방해하지 않도록, 염분이나 당도가 적은 생빵가루를 고기에 듬뿍 입혀서, 저온으로 천천히 튀깁니다. 그렇게 함으로써 고기 본래의 부드러움이나 감칠맛을 최대한으로 끌어내는 것입니다. 튀긴 빵가루의 상태도 알맞게 부드럽고 먹기가 좋을 것입니다. 딱딱한 빵가루 때문에 입천장을 아프게 한 그런 경험이 있는 사람에게는 추천하는 일품(一品)입니다.

두툼한 '안심살'이나 '등심살'을 사용하기 때문에, 돈가스의 단면은 은은한 핑크빛입니다. 당연히 압권의 볼륨감. 막 튀겨낸 돈가스를 한 입 베어 물면, 겉은 사박사박, 속은 촉촉, 임팩트 있는 고상한 맛의 향연이 입 속에서 온몸으로 울려 퍼집니다. 정말로 기분이 황홀해지는 더 없는 행복의 한 때. 꼭 즐기시기 바랍니다.

또, 곁들이는 채친 양배추의 아삭아삭한 식감이나 감칠맛, 시나노(信濃)의 적갈색 된장으로 만든 붉은 된장국, 그리고 아키타(秋田)의 코시히카리(벼 품종의 하나. 맛이 좋음)를 사용한 갓 지은 밥도 돈가스와 잘 어울려, 한층 더 주역(主役)의 감칠맛을 돋보이게 합니다. 그야말로 명조연(名助演)이라고 할 수 있겠지요. 게다가 가게는 손님 접대도 좋아서 대단히 기분이 좋습니다.

MEMO

본문

8 塩味付きのゆで卵の秘密

テレビ番組に対する意見・視聴感想

伊豆半島(いずはんとう)の駿河湾(するがわん)の沖。遠くに見える富士山を背景に、一隻の船がゆらりゆらりと波に揺られている。この船には深海4,500メートルまで潜れる小型の無人探査機「ハイパードルフィン」が搭載されている。番組では、これからこの無人探査機を使い、深さ1,000メートルまで潜って、何かの大実験を行うという。しかし、何の実験をどのようにするのかは一切明かされない。ただ、無人探査機の外側に取り付けられているカップラーメンとゆでたまごの姿だけを画面に映すのみである。こうなると、当然、視聴者は「何の実験をするのだろう」と、しきりに知的好奇心がくすぐられる。

間もなくして番組チームは実験に入り、無人探査機は深海へとどんどん潜っていく。やがて、ついに海底1,000メートルにまで達する。そこの水圧はなんと約10メガパスカル。この数値は、1メートル×1メートルの範囲に1,000トンの重さがかかる状態である。恐るべしではないか。さて、無人探査機がようやく海底までたどりついたのだから、そこでカップラーメンとゆでたまごをもって何かの大実験をするのか、と思いきや、あっけなく、何もせずに、すぐ浮上して船へ戻ってしまうではないか。

そのあと、無人探査機に取り付けられていたカップラーメンとゆでたまごの状態を確認する手順に入る。すると、カップラーメンは高い水圧のせいで完全につぶれ小さくなっていたのに対し、割れやすいと思っていたゆでたまごは全く無傷の状態であった。ゆでたまごは水圧に対し、意外にも頑丈であったのだ。一瞬、けた外れのゆでたまごの殻の丈夫さを知らせるためにこの実験をしたのだろうかと勝手な想像をし、これで実験は終わりかと思ったところ、実はここからが番組の醍醐味であった。続けて、なんと今度はその無傷のゆでたまごをスタッフに試食させる。すると皆、口を揃えて、「おいしい、おいしい」と言っているではないか。しかも、驚くことに、味付けなどしていないはずのゆでたまごの中身に、塩味がちょうどよくついていたのだ。それで、わざわざ塩をつけなくてもおいしかったのである。

殻付きなのに、一体なぜ塩味がゆでたまごの中身にまでついていたのだろうか。あれこれといくら考えてもその疑問はどんどん増すばかり。でも、それも束の間、番組では、まるで謎解きをするかのように、その原因を明快に話してくれる。その答えとは「ゆでたま

번역 연습

ごに深海の高い水圧がかかったことにより、海水の塩分がゆでたまごの殻の小さな穴を通して中へ染み込み、塩味がついたのだ」ということだった。なるほど、と、うなずく一方で、不思議でしかたがない。それで調べてみると、たまごの殻には有精卵のひよこが呼吸できるように、人の目には見えない小さな穴が数千個空いているというのだ。それをこの番組をきっかけにして初めて知った。

そして、いよいよ番組は大詰めを迎え、視聴者たちに「科学に裏付けされた"生活の知恵"や"健康情報"をお届け」するという番組のモットーにふさわしく、家庭で誰もが作れる「コンビニ風の塩味付きのゆで卵」の作り方を紹介する場面へと移る。その作り方のコツとは、（1）水100ccに塩35gを目安にして溶かし、冷蔵庫で冷やしておく。（2）ゆであがったばかりの熱々の卵を、冷やしておいた塩水に殻ごと入れる。殻にひびが入っていると塩味が強くなるのでご注意。（3）それを冷蔵庫に入れて12時間ぐらい放っておく。このとき、ラップやふたなどで卵を押さえ、卵が浮かないようにする、ということである。このぐらいの作業だったら誰もが簡単に家で塩味付きのゆで卵を作ることができるであろう。試してみてはいかがだろうか。

以上、NHKの人気番組「ガッテン」で放送された塩味付きのゆで卵の作り方を紹介してみた。一瞬たりとも目が離せない面白い展開、専門知識を織り込みながらストーリーを組み立てていく力、想像力の幅広さ・奇抜さ、そして資金力、どれをとっても視聴者の注意を引くのに充分であると思われる。まさしく、日本の芸能・バラエティ番組の底力ここにあり、と言える番組であると評価できよう。日本の芸能・バラエティ番組の熱烈なファンの一人として、これからも視聴者の興味をかき立ててくれるこのような番組がどんどん増えていけば、と、祈るばかりである。

번역 연습

伊豆半島(いずはんとう) 이즈반도. 일본 시즈오카현(静岡県) 동부 스루가만(駿河灣)과 사가미만(相模灣) 사이에 있는 반도

駿河湾(するがわん) 스루가만. 이즈(伊豆)반도와 시즈오카현(静岡県) 사이에 있는 만

沖(おき) 먼바다. 물가에서 멀리 떨어진 바다 위 또는 호수 위

富士山(ふじさん) 후지산. 시즈오카(静岡)와 야마나시(山梨) 두 현의 경계에 있는 일본에서 제일 높은 산

背景(はいけい) 배경

一隻(いっせき) 배 한척

船(ふね) 배

ゆらりゆらり (천천히 연달아 흔들거리는 모양) 흔들흔들

揺(ゆ)られる 흔들리다

深海(しんかい) 심해

潜(もぐ)る 잠수하다. 자맥질하다

小型(こがた) 소형

無人探査機(むじんたんさき) 무인탐사기

搭載(とうさい) 탑재

番組(ばんぐみ) 프로그램

大実験(だいじっけん) 대실험

行(おこな)う (일을) 하다. 행하다. 처리하다

一切(いっさい) (아래에 부정어와 결합하여) 일절. 전혀. 전연

明(あ)かされない 밝혀지지 않다

取(と)り付(つ)ける (기계 따위를) 달다. 장치(설비)하다

カップラーメン 컵라면

ゆでたまご 삶은 달걀

画面(がめん) 화면

映(うつ)す (거울 · 물 위 · 스크린 따위에 모습 · 모양 · 그림자를) 비치게 하다. 투영(投影)하다

のみ ~만. ~뿐

視聴者(しちょうしゃ) 시청자

しきりに 자꾸만. 자주. 빈번히

知的好奇心(ちてきこうきしん) 지적호기심

くすぐる 부추기다. 자극하다

間(ま)もなくして 잠시 후. 곧. 머지않아

深海(しんかい) 심해

どんどん (잇따르는 모양) 자꾸(자꾸). 점점. 계속

やがて 얼마 안 있어. 머지않아. 곧. 이윽고

海底(かいてい) 해저

水圧(すいあつ) 수압

メガパスカル 메가파스칼. 압력의 단위

数値(すうち) 수치

範囲(はんい) 범위

恐(おそ)るべし 두려워야 할 것

~べし ~하는 것이 마땅(당연)하다

たどりつく 겨우 다다르다. 여러 곡절 끝에 겨우 그곳에 이르다

思(おも)いきや (~と를 받아) (~라) 생각했더니. (실은~데) 뜻밖에도

あっけない 어이없다. 싱겁다

何(なに)もせずに 아무것도 하지 않고. 하는 일 없이

浮上(ふじょう) 부상. 떠오름

手順(てじゅん) 순서. 절차

つぶれる 찌그러지다. 이그러지다

無傷(むきず) 흠이(상처가) 없음. 결점 · 죄 · 실패 · 패배 등이 없음

頑丈(がんじょう) 튼튼함. 옹골참

一瞬(いっしゅん) 일순. 그 순간. 일순간

けた外(はず)れ 표준 · 규격과 훨씬 틀림. 월등함

殻(から) 껍질. 껍데기

丈夫(じょうぶ)さ 견고함. 튼튼함. 단단함

勝手(かって) 제멋대로. 멋대로

想像(そうぞう) 상상

醍醐味(だいごみ) 사물에 대한 깊은 맛. 묘미(妙味). 참다운 즐거움

새로운 단어

試食(ししょく) 시식
口(くち)を揃(そろ)える 입을 모으다. 이구동성으로 말하다
驚(おどろ)く 놀라다. 경악하다
味付(あじつ)けをする (양념을) 넣다. 양념(간) 하다
はず (구체적인 내용을 보이는 한정의 어구를 받아서) 일이 당연히 그래야 할 것임을 나타내는 말. ~일 것. ~할 예정
中身(なかみ) 알맹이. 실속. 내용
塩味(しおあじ) (소금으로 맛을 냄) 짠맛
わざわざ 일부러. 특별히
あれこれ 이것저것. 여러가지
疑問(ぎもん) 의문
増(ま)す (수 · 양 · 정도가) 많아지다. 늘다
束(つか)の間(ま) 잠시 동안. 순간
謎解(なぞと)き 수수께끼 풀이
明快(めいかい) 명쾌
穴(あな) 구멍
通(とお)して (흔히「～を通して」의 꼴로) ~를 통하여. ~를 통해서
染(し)み込(こ)む 깊이 스며들다. 배어들다
うなずく 수긍하다. (고개를) 끄덕이다
不思議(ふしぎ) 불가사의. 이상함
しかたがない ~할 수단 · 방법이 없다
有精卵(ゆうせいらん) 유정란
ひよこ 병아리
呼吸(こきゅう) 호흡
空(あ)く 텅비다. (구멍이) 뚫려 있다
きっかけにして 동기로 삼아. 계기로
大詰(おおづ)め 마지막 장면(단계). 끝. 막바지. 대단원
迎(むか)え 맞이함. 마중
裏付(うらづ)け (뒷받침이 되는) 확실한 증거. 튼튼하게 하기 위해 안을 대는 일
知恵(ちえ) 지혜
健康情報(けんこうじょうほう) 건강정보
お届(とど)け 전달함. 보냄
モットー 모토. 좌우명. 표어. 신조나 목표를 나타낸 말
ふさわしい 어울리다. 제격이다. 알맞다
家庭(かてい) 가정
作(つく)り方(かた) 만드는 방법
紹介(しょうかい)する 소개하다
コツ 요령. 비법
目安(めやす)にする 기준으로 하다
溶(と)かす (물 따위에) 녹이다. 풀다
冷蔵庫(れいぞうこ) 냉장고
ゆであがる 삶아(데쳐)지다. 완전히 익다
熱々(あつあつ) 매우 뜨거움. 열중하는 것
卵(たまご) 달걀. 계란
ひび (벽 · 유리 · 그릇 따위에 생긴) 잔금. 터진 곳
放(ほう)っておく 가만 내버려 두다. 그냥 두다. 던져 놓다
ラップ (식품 따위를 얇은 필름으로 싸는 것) 랩
浮(う)く 뜨다. 들뜨다
試(ため)す 시험하다. 시험삼아 해보다
一瞬(いっしゅん)たりとも 한순간도. 한순간이라도
目(め)が離(はな)せない 눈을 뗄 수가 없다
展開(てんかい) 전개
専門知識(せんもんちしき) 전문지식
織(お)り込(こ)む 집어 넣다. 접목시키다
組(く)み立(た)てる 짜맞추다. 조립하다
想像力(そうぞうりょく) 상상력
幅広(はばひろ)い 폭넓다. 활동범위가 넓다
奇抜(きばつ)さ 기발함
資金力(しきんりょく) 자금력
注意(ちゅうい)を引(ひ)く 이목을 끌다. 주의를 끌다
充分(じゅうぶん) 충분. 십분

まさしく 바로. 틀림없이. 확실히

げいのう
芸能 예능. 연예

ばんぐみ
バラエティ番組 버라이어티 쇼

そこぢから
底力 저력. 잠재력. 뒷심. 뚝심

ねつれつ
熱烈なファン 열렬한 팬

きょうみ
興味 흥미

た
かき立てる (심지를) 돋우다. 북돋우다. 불러일으키다

どんどん 자꾸(자꾸). 계속

いの
祈る 진심으로 바라다. 희망하다

본문 읽기 및 모범 번역

8. 塩味付きのゆで卵の秘密

テレビ番組に対する意見・視聴感想

伊豆半島の駿河湾の沖。遠くに見える富士山を背景に、一隻の船がゆらりゆらりと波に揺られている。この船には深海4,500メートルまで潜れる小型の無人探査機「ハイパードルフィン」が搭載されている。番組では、これからこの無人探査機を使い、深さ1,000メートルまで潜って、何かの大実験を行うという。しかし、何の実験をどのようにするのかは一切明かされない。ただ、無人探査機の外側に取り付けられているカップラーメンとゆでたまごの姿だけを画面に映すのみである。こうなると、当然、視聴者は「何の実験をするのだろう」と、しきりに知的好奇心がくすぐられる。

間もなくして番組チームは実験に入り、無人探査機は深海へとどんどん潜っていく。やがて、ついに海底1,000メートルにまで達する。そこの水圧はなんと約10メガパスカル。この数値は、1メートル×1メートルの範囲に1,000トンの重さがかかる状態である。恐るべしではないか。さて、無人探査機がようやく海底までたどりついたのだから、そこでカップラーメンとゆでたまごをもって何かの大実験をするのか、と思いきや、あっけなく、何もせずに、すぐ浮上して船へ戻ってしまうではないか。

そのあと、無人探査機に取り付けられていたカップラーメンとゆでたまごの状態を確認する手順に入る。すると、カップラーメンは高い水圧のせいで完全につぶれ小さくなっていたのに対し、割れやすいと思っていたゆでたまごは全く無傷の状態であった。ゆでたまごは水圧に対し、意外にも頑丈であったのだ。一瞬、けた外れのゆでたまごの殻の丈夫さを知らせるためにこの実験をしたのだろうかと勝手な想像をし、これで実験は終わりかと思ったところ、実はここからが番組の醍醐味であった。続けて、なんと今度はその無傷のゆでたまごをスタッフに試食させる。すると皆、口を揃えて、「おいしい、おいしい」と言っているではないか。しかも、驚くことに、味付けなどしていないはずのゆでたまごの中身に、塩味がちょうどよくついていたのだ。それで、わざわざ塩をつけなくてもおいしかったのである。

殻付きなのに、一体なぜ塩味がゆでたまごの中身にまでついていたのだろうか。あれこれといくら考えてもその疑問はどんどん増すばかり。でも、それも束の間、番組では、まるで謎解きをするかのように、その原因を明快に話してくれる。その答えとは「ゆでたまごに深海の高い水圧がかかったことにより、海水の塩分がゆでたまごの殻の小さな穴を通して中へ染み込み、塩味がついたのだ」ということだった。なるほど、と、うなずく一方で、不思議でしかたがない。それで調べてみると、たまごの殻には有精卵のひよこが呼吸できるように、人の目には見えない小さな穴が数千個空いているというのだ。それをこの番組をきっかけにして初めて知った。

そして、いよいよ番組は大詰めを迎え、視聴者たちに「科学に裏付けされた"生活の知恵"や"健康情報"をお届け」するという番組のモットーにふさわしく、家庭で誰もが作れる「コンビニ風の塩味付きのゆで卵」の作り方を紹介する場面へと移る。その作り方のコツとは、（1）水100ccに塩35gを目安にして溶かし、冷蔵庫で冷やしておく。（2）ゆであがったばかりの熱々の卵を、冷やしておいた塩水に殻ごと入れる。殻にひびが入っていると塩味が強くなるのでご注意。（3）それを冷蔵庫に入れて12時間ぐらい放っておく。このとき、ラップやふたなどで卵を押さえ、卵が浮かないようにする、ということである。このぐらいの作業だったら誰もが簡単に家で塩味付きのゆで卵を作ることができるであろう。試してみてはいかがだろうか。

以上、NHKの人気番組「ガッテン」で放送された塩味付きのゆで卵の作り方を紹介してみた。一瞬たりとも目が離せない面白い展開、専門知識を織り込みながらストーリーを組み立てていく力、想像力の幅広さ・奇抜さ、そして資金力、どれをとっても視聴者の注意を引くのに充分であると思われる。まさしく、日本の芸能・バラエティ番組の底力ここにあり、と言える番組であると評価できよう。日本の芸能・バラエティ番組の熱烈なファンの一人として、これからも視聴者の興味をかき立ててくれるこのような番組がどんどん増えていけば、と、祈るばかりである。

8. 소금 맛이 나는 삶은 달걀의 비밀

TV프로그램에 대한 의견·시청 감상

이즈반도(伊豆半島)의 스루가만(駿河湾)의 먼바다. 멀리 보이는 후지산(富士山)을 배경으로, 한 척의 배가 흔들흔들 물결에 흔들리고 있다. 이 배에는 심해(深海) 4, 500미터까지 잠수할 수 있는 소형 무인탐사기 '하이퍼 돌핀(ハイパードルフィン)'이 탑재되어 있다. 프로그램에서는 이제부터 이 무인탐사기를 사용해서, 깊이 1, 000미터까지 잠수해 무언가 큰 실험을 행한다고 한다. 그러나 무슨 실험을 어떻게 하는 것인지는 일절 밝히고 있지 않다. 다만, 무인탐사기의 바깥쪽에 달려 있는 컵라면과 삶은 달걀의 모습만을 화면에 비출 뿐이

다. 이렇게 되면, 당연히 시청자는 '무슨 실험을 하는 걸까'하고, 끊임 없는 지적 호기심이 부추겨진다.

이윽고 프로그램 팀은 실험에 들어가, 무인탐사기는 심해로 계속해서 잠수해간다. 이윽고, 마침내 해저 1, 000미터까지 도달한다. 그곳의 수압은 무려 약10메가파스칼. 이 수치는, 1미터×1미터의 범위에 1, 000톤의 무게가 실리는 상태다. 너무나 엄청난 것이 아닌가. 그런데, 무인탐사기가 간신히 해저까지 다다랐기 때문에, 거기에서 컵라면과 삶은 달걀을 가지고 무슨 실험을 하지 않을까, 하고 생각했는데, 뜻밖에도 어이없이 아무것도 하지 않고, 바로 떠올라서 배로 돌아오고 마는 것이 아닌가.

그 후, 무인탐사기에 달려 있던 컵라면과 삶은 달걀의 상태를 확인하는 순서로 들어간다. 그러자, 컵라면은 높은 수압 탓에 완전히 찌그러지고 작아진 데 비해서, 깨지기 쉬운 삶은 달걀은 전혀 흠집이 없는 상태였다. 삶은 달걀은 수압에 뜻밖에도 튼튼하고 멀쩡했던 것이다. 순간, 삶은 달걀 껍질의 월등한 견고함, 그것을 알려주기 위해서 이 실험을 한 것일까 하고 제멋대로 상상을 하고, 이걸로 실험은 끝나겠구나 하는 생각을 하던 그때, 사실은 여기부터가 프로그램의 묘미였다. 이어서, 놀랍게도 이번에는 그 흠집 없는 삶은 달걀을 스태프에게 시식을 시킨다. 그러자 모두 다 한결같이, "맛있다, 맛있다" 하고 말하는 것이 아닌가. 게다가 놀랍게도 간을 하지 않은 삶은 달걀 속이, 딱 알맞게 소금 맛이 나는 것이었다. 그래서 일부러 소금을 찍지 않아도 맛있었던 것이다.

껍질이 붙어 있었는데, 도대체 어째서 삶은 달걀 속에까지 소금 맛이 났던 것일까. 이래저래 아무리 생각해도 그 의문은 자꾸자꾸 증폭될 뿐. 하지만, 그것도 잠시, 프로그램에서는 마치 수수께끼를 푸는 것처럼 그 원인을 명쾌하게 얘기해 준다. 그 답은 "삶은 달걀이 심해의 높은 수압으로 인해, 바닷물의 염분이 삶은 달걀 껍질의 작은 구멍을 통해서 안으로 깊이 스며 들어가 소금 맛을 낸 것이다."라는 것이었다. 과연 그렇구나, 하고, 고개를 끄덕이는 한편으로, 의아한 것은 어찌할 수 없었다. 그래서 조사해보니, 달걀 껍질에는 유정란의 병아리가 호흡할 수 있도록, 사람의 눈에는 보이지 않는 작은 구멍이 수천 개 뚫려 있다는 것이다. 그것을 이 프로그램을 계기로 처음으로 알았다.

그리고 마침내 프로그램은 마지막 장면을 맞이하여, 시청자들에게 "과학으로 증명된 '생활의 지혜'나 '건강정보'를 보내 드린다"는 프로그램의 모토에 어울리게, 가정에서 누구나 만들 수 있는 '편의점 스타일의 소금 맛이 나는 삶은 달걀' 만드는 법을 소개하는 장면으로 옮겨간다. 그 만드는 방법의 요령이란, (1) 물 100cc에 소금 35g을 기준으로 해서 녹이고, 냉장고에서 차게 해둔다. (2) 막 삶은 뜨거운 달걀을, 차게 해둔 소금물에 껍질째 넣는다. 껍질에 금이 가면 소금 맛이 강해지기 때문에 주의. (3) 그것을 냉장고에 넣고 12시간 정도 내버려 둔다. 이때, 랩이나 뚜껑 등으로 눌러서, 달걀이 뜨지 않도록 한다는 것이다. 이 정도의 작업이라면 누구나 간단하게 집에서 소금 맛이 나는 삶은 달걀을 만들 수 있을 것이다. 시도해 보면 어떨까.

이상, NHK의 인기 프로그램 「갓텐(ガッテン)」에서 방송된 소금 맛이 나는 삶은 달걀 만드는 방법을 소개해 보았다. 한 순간이라도 눈을 뗄 수 없는 재미있는 전개, 전문지식을 짜 넣으면서 스토리를 구성해가는 힘, 폭 넓은 상상력, 기발함, 그리고 자금력, 그 어느 것을 취해도 하나같이 시청자의 주의를 끌기에 충분하다고 생각한다. 바로, 일본의 예능·버라이어티 프로그램의 저력은 여기에 있다고 할 수 있는 프로그램이라고 평가할 수 있을 것이다. 일본의 예능·버라이어티쇼의 열렬한 팬의 한 사람으로서, 앞으로도 시청자의 흥미를 불러일으켜 주는 이러한 프로그램이 자꾸자꾸 늘어갔으면 하고 바랄 뿐이다.

9 본문

段ボールでDIY

地域ニュース

軽くて扱いやすい段ボールは、宅配や引っ越しなど主に荷物を運ぶ時に使われていますが、もともとは19世紀にイギリスで流行したシルクハットの内側の汗を吸い取るために開発されたのだそうです。

段ボールは紙製ですが、なかには強度や耐熱性に優れているものがあり、東京オリンピックでは選手の部屋のベッドに段ボールベッドが採用されるなど、最近では家具として使われることもあります。

東日本大震災など予期しない大災害の直後には学校の体育館などに避難所が多く運営されますが、従来は床に雑魚寝する形式だった避難所に近年段ボールベッドが導入され、話題を集めています。

諸外国ではベッドで寝る文化のため金属フレームの簡易ベッドを使うことが避難所の主流であるのに比べ、もともと床に寝る文化の日本では、避難所にベッドを支給する発想がありませんでした。しかし、寒さや埃、ストレスを避けるためにも床から30cm以上上げることが医学会では推奨されているそうです。そこで注目されたのが段ボールベッドです。段ボールベッドは、安価で大量に導入でき、全国に生産工場があるため供給も安定的で、生産から納品までに必要な時間が3日と短いため備蓄が不要で、比較的すぐに供給できるという多くのメリットがあり、多くの自治体で使われ始めました。段ボールは空気の層でできているため暖かく、余震や歩行者の振動などによる揺れを伝えにくい、いびきや咳などの騒音も和らげてくれる、撤去の際に処分が容易など、避難所環境に適した多くの特長もあります。

また、断水して水が止まった場合、給水車から水を運ぶ必要がありますが、バケツやペットボトルで運ぶには量に限界があります。このような時には、段ボールにビニール袋を入れるだけで簡単に給水タンクを作ることができます。他にも、水が使えない時でも使用できる段ボール製の簡易トイレや、部屋を仕切る段ボールのパーテーションなど、段ボールの活用範囲はどんどん広がっています。

번역 연습

扱(あつか)う 다루다. 취급하다.

扱(あつか)いやすい 다루기 쉽다(～ます형+やすい ~하기 쉽다)

段(だん)ボール 골판지

宅配(たくはい) 택배

引(ひ)っ越(こ)し 이사

荷物(にもつ) 짐. 화물

もともと 원래. 본디부터

流行(りゅうこう)する 유행하다

シルクハット 실크해트. 정장용의 신사모자

汗(あせ) 땀

吸(す)い取(と)る 흡수하다. 빨아들이다

紙製(かみせい) 종이제품

強度(きょうど) 강도

耐熱性(たいねつせい) 내열성

優(すぐ)れる 뛰어나다. 우수하다. 훌륭하다

採用(さいよう) 채용

家具(かぐ) 가구

大震災(だいしんさい) 대지진으로 인한 막대한 피해

大災害(だいさいがい) 큰재해

避難所(ひなんじょ) 대피소

運営(うんえい) 운영

従来(じゅうらい) 기존. 종래

床(ゆか) 마루. 바닥

雑魚寝(ざこね)する 한 건물에서 많은 남녀가 섞여서 자다. 혼숙하다

導入(どうにゅう) 도입

諸外国(しょがいこく) 외국 여러나라

金属(きんぞく)フレーム 금속 프레임. 금속틀

簡易(かんい) 간이

主流(しゅりゅう) 주류

支給(しきゅう)する 지급하다

発想(はっそう) 발상

埃(ほこり) 먼지

避(さ)ける 피하다. 꺼리다

医学会(いがくかい) 의학회

推奨(すいしょう) 권장

安価(あんか) 저렴. 값싼

大量(たいりょう) 대량

導入(どうにゅう) 도입

不要(ふよう) 불필요

供給(きょうきゅう) 공급

安定的(あんていてき) 안정적

納品(のうひん) 납품

備蓄(びちく) 비축

メリット 장점

余震(よしん) 여진

振動(しんどう) 진동

揺(ゆ)れ 요동. 흔들림

伝(つた)える 전하다. 전달하다

伝(つた)えにくい 전(달)하기 어렵다(～ます형+にくい ~하기 어렵다)

いびき 코골이

咳(せき) 기침

騒音(そうおん) 소음

和(やわ)らげる 완화시키다. 누그러뜨리다

撤去(てっきょ) 철거

処分(しょぶん) 처분

環境(かんきょう) 환경

特長(とくちょう) 특징

止(と)まる 멈추다. 멎다. 그치다. 정지하다

断水(だんすい) 단수

給水車(きゅうすいしゃ) 급수차

バケツ 양동이

새로운 단어

ペットボトル 페트병. 플라스틱병

限界(げんかい) 한계

給水(きゅうすい)タンク 급수탱크

仕切(しき)る 칸을 막다. 칸막이하다

パーテーション 칸막이. 분할

活用範囲(かつようはんい) 활용범위

広(ひろ)がる 넓어지다. 퍼지다. 번지다

본문 읽기 및 모범 번역

9. 段ボールでDIY

地域ニュース

軽くて扱いやすい段ボールは、宅配や引っ越しなど主に荷物を運ぶ時に使われていますが、もともとは19世紀にイギリスで流行したシルクハットの内側の汗を吸い取るために開発されたのだそうです。

段ボールは紙製ですが、なかには強度や耐熱性に優れているものがあり、東京オリンピックでは選手の部屋のベッドに段ボールベッドが採用されるなど、最近では家具として使われることもあります。

東日本大震災など予期しない大災害の直後には学校の体育館などに避難所が多く運営されますが、従来は床に雑魚寝する形式だった避難所に近年段ボールベッドが導入され、話題を集めています。

諸外国ではベッドで寝る文化のため金属フレームの簡易ベッドを使うことが避難所の主流であるのに比べ、もともと床に寝る文化の日本では、避難所にベッドを支給する発想がありませんでした。しかし、寒さや埃、ストレスを避けるためにも床から30cm以上上げることが医学会では推奨されているそうです。そこで注目されたのが段ボールベッドです。段ボールベッドは、安価で大量に導入でき、全国に生産工場があるため供給も安定的で、生産から納品までに必要な時間が3日と短いため備蓄が不要で、比較的すぐに供給できるという多くのメリットがあり、多くの自治体で使われ始めました。段ボールは空気の層でできているため暖かく、余震や歩行者の振動などによる揺れを伝えにくい、いびきや咳などの騒音も和らげてくれる、撤去の際に処分が容易など、避難所環境に適した多くの特長もあります。

また、断水して水が止まった場合、給水車から水を運ぶ必要がありますが、バケツやペットボトルで運ぶには量に限界があります。このような時には、段ボールにビニール袋を入れるだけで簡単に給水タンクを作ることができます。他にも、水が使えない時でも使用できる段ボール製の簡易トイレや、部屋を仕切る段ボールのパーテーションなど、段ボールの活用範囲はどんどん広がっています。

9. 골판지로 DIY

지역뉴스

가볍고 다루기 쉬운 골판지는 택배나 이사 등 주로 짐을 나를 때에 사용되고 있습니다만, 원래는 19세기에 영국에서 유행한 신사 모자(silk hat) 안쪽의 땀을 빨아들이기 위해 개발된 것이라고 합니다.

골판지는 종이로 만듭니다만, 그 중에는 강도나 내열성이 뛰어난 것이 있어서, 도쿄 올림픽에서는 선수 방의 침대에 골판지가 채택되어 쓰이는 등, 최근에는 가구로 사용되는 일도 있습니다.

동일본대지진 등 예기치 못한 대재해 직후에는 학교의 체육관 등에 피난처가 많이 운영됩니다만, 종래에는 바닥에 남녀가 여럿이 뒤섞여 자는 형식이었던 피난처에 근래 골판지 침대가 도입되어 화제를 모으고 있습니다.

여러 외국에서는 침대에 자는 문화 때문에 금속 프레임의 간이 침대를 사용하는 일이 피난처의 주류인 것에 비해, 원래 바닥에 자는 문화인 일본에서는, 피난처에 침대를 지급하는 발상이 없었습니다. 그러나 추위나 먼지, 스트레스를 피하기 위해서도 바닥에서 30센티미터 이상 올리는 것이 의학회(醫學會)에서는 추천되고 장려되고 있다고 합니다. 그래서 주목 받은 것이 골판지 침대입니다. 골판지 침대는 저렴해서 대량으로 도입할 수 있고, 전국에 생산공장이 있기 때문에, 공급도 안정적이어서 생산에서 납품까지 필요한 시간이 사흘로 짧기 때문에 비축이 필요하지 않습니다. 비교적 바로 공급할 수 있다는 많은 장점이 있어 많은 자치단체에서 사용되기 시작했습니다. 골판지는 공기의 층으로 되어 있기 때문에 따뜻하고, 여진이나 보행자의 진동 등으로 인한 흔들림이 전달되기 어렵고, 코고는 소리나 기침 등의 소음도 완화해주는 한편, 철거 때에 처분이 쉬운 등, 피난처 환경에 적합한 많은 특별한 장점도 있습니다.

또한, 단수로 물이 멈출 경우, 급수차에서 물을 나를 필요가 있습니다만, 양동이나 페트병으로 나르는 데는 양에 한계가 있습니다. 이럴 때에는 골판지에 비닐봉지를 넣은 것만으로도 간단하게 급수 탱크를 만들 수 있습니다. 이 밖에도 물을 쓸 수 없을 때라도 사용할 수 있는 골판지로 만든 간이 화장실이나, 방을 칸막이하는 골판지 칸막이 등, 골판지의 활용범위는 계속해서 넓어지고 있습니다.

10 본문

日本漫画の聖地「トキワ荘」、38年ぶりに復元

地域ニュース

『鉄腕アトム』の手塚治虫(てづかおさむ)さんや『ドラえもん』の藤子(ふじこ)・F・不二雄(ふじお)さんら、日本を代表する漫画家たちが若き日をともに過ごしながら、作品に情熱を注いでいたトキワ荘が、7月7日、38年ぶりに東京都豊島区で「トキワ漫画ミュージアム」という名前で復元されました。

トキワ荘は1952年に建てられた木造2階建てのアパートですが、建物の老巧化により、1982年に取り壊された、漫画の聖地ともいわれている所です。しかし、賑わいを失いつづけていた地域に活気を取り戻そうとする地元商店街の人々や豊島区、さらにトキワ荘の住人だった漫画家たちが、一緒に力を合わせて、昔のトキワ荘の写真などを手掛かりにし、今月、ついに再建に成功したのです。工事期間は約1年で、総工事費は9億8000万円でした。

建物は、本来のトキワ荘の雰囲気を醸し出すために築10年ごろを想定して設計され、見た目では新築というよりは、少し古ぼけた、馴染みのある建物のように感じられます。昔のトキワ荘があった所には、現在、日本加除出版という会社が立っているため、「トキワ漫画ミュージアム」は、やむを得ず、その跡地から西に約300メートルほど離れている南長崎花咲公園の中に建てられました。最寄りの都営大江戸線「落合南長崎駅」からは徒歩で5分、そして、西武池袋線「東長崎駅」からは徒歩で10分ぐらいの所です。

館内の1階には、トキワ荘ゆかりの漫画雑誌や手塚治虫さんが描いた自画像の天井板などが、マンガラウンジや企画展示室に展示されているほか、2階には、漫画家たちが使っていた四畳半の仕事部屋や共同炊事場、便所などが忠実に復元されています。とりわけ、部屋のなかに散らかされている描きかけの漫画原稿やペン、小さな机、火鉢、ガスコンロ、ビールの空き瓶や食べ終わったラーメンの食器、さらに2階に上るときの階段の“きしむ”音などは、昔のトキワ荘を偲ばせるに足る趣があるでしょう。

地元で時計屋を営むかたわら、トキワ荘の復元に懸命に力を貸した小出幹雄(こいでみきお)さんは、「漫画が世界に冠たる日本の文化になったわりには、原点の地を大事にするということができていなかった。トキワ荘が忘れ去られてしまうという焦りもあり、町全体でPRできた

번역 연습

らいいと思ったんです」（NHK WEB特集「よみがえったトキワ荘『石の森さんはレコードをかけながら…』」）と、復元活動に懸けた自分の意気込みを明かしました。

当面の間は、来館するお客様がゆっくりとトキワ荘を味わえるように事前予約制となっており、明日からホームページで受付が開始されます。

번역 연습

鉄腕(てつわん)アトム 철완 아톰. 데즈카 오사무씨의 장편 만화

手塚治虫(てづかおさむ) 데즈카 오사무. 일본의 만화가(1928~1989년). 철완 아톰의 작가

ドラえもん 도라에몬. 일본의 만화 · 애니메이션 · 영화, 또는 그 주인공 이름

藤子(ふじこ)・F・不二雄(ふじお) 후지코 에후 후지오. 일본의 만화가(1933~1996년). 도라에몽의 작가

漫画家(まんがか) 만화가

若き日(わかきひ) 젊은 날

情熱(じょうねつ) 정열

注ぐ(そそぐ) 쏟다. 붓다

ぶり (시간적으로) ~만. 모습. 모양

38年(ねん)ぶりに 38년만에

トキワ荘(そう) 도키와장. 도쿄(東京) 도시마구(豊島区)에 있는 아파트. 1950년대부터 데즈카 오사무(手塚治虫), 후지코 에후 후지오(藤子 · F · 不二雄) 등의 만화가들이 공동생활을 하며 작품활동에 몰두하던 곳

トキワ漫画(まんが)ミュージアム 도키와만화뮤지엄

復元(ふくげん) 복원

木造(もくぞう)2階建(かいだ)て 목조 2층 건물

老巧化(ろうきゅうか) 노후화

取り壊す(とりこわす) (건물 따위를)헐다. 해체하다

聖地(せいち) 성지

賑わい(にぎわい) 번화함. 흥청거림

失う(うしなう) 잃다. 잃어버리다

～つづけている ~계속하고 있다

取り戻す(とりもどす) 되찾다. 회복하다

力(ちから)を合(あ)わせる 힘을 합하다. 협력하다

手掛かり(てがかり) 단서. 실마리

再建(さいけん) 재건

醸し出す(かもしだす) (어떤 기분 따위를) 빚어내다. 자아내다

設計(せっけい) 설계

見た目(みため) 겉보기. 눈에 비치는 모습. 모양. 볼품

新築(しんちく) 신축

古ぼける(ふるぼける) 낡아서 퇴색하다(더러워지다)

馴染み(なじみ) 친숙함

日本加除出版(にほんかじょしゅっぱん) 일본카조출판

やむを得(え)ず 할 수 없이. 어쩔 수 없이

跡地(あとち) 건물 등을 철거하고 난 땅

南長崎花咲公園(みなみながさきはなさきこうえん) 미나미나가사키하나사키공원. 도쿄에 있는 공원 이름

都営大江戸線(とえいおおえどせん) 도에이오에도선. 도쿄도교통국(東京都交通局)이 운영하는 철도 노선

落合南長崎駅(おちあいみなみながさきえき) 오치아이미나미나가사키역. 도쿄도교통국(東京都交通局)에서 운영하는 오오에도선(大江戸線)의 역 이름

西武池袋線(せいぶいけぶくろせん) 세이부이케부쿠로선. 도쿄(東京)의 철도 노선

東長崎駅(ひがしながさきえき) 히가시나가사키역. 도쿄에 있는 역 이름

館内(かんない) 관내

自画像(じがぞう) 자화상

描く(かく) 그리다. 묘사하다. 표현하다

天井板(てんじょういた) 천장판자. 천장널

企画展示室(きかくてんじしつ) 기획전시실

四畳半(よじょうはん) 다다미 네 장 반

共同炊事場(きょうどうすいじば) 공동취사장

忠実(ちゅうじつ) 충실

復元(ふくげん) 복원

散らかす(ちらかす) 흩뜨리다. 어지르다

描きかける(かきかける) 그리다 말다. ～ます형+かける ~하다 말다. 아직 ……않았다

描(か)きかけの原稿(げんこう) 그리다만 원고

火鉢(ひばち) 화로

ガスコンロ 가스렌지

空き瓶(あきびん) 빈병

새로운 단어

食器(しょっき) 식기

偲ぶ(しのぶ) 그리워하다. 연모하다. 회상하다

趣(おもむき)がある 흥취가 있다. 운치가 있다

営む(いとなむ) 경영하다. 운영하다

かたわら (~하는) 한편. ~함과 동시에

懸命(けんめい)に 열심히

力(ちから)を貸(か)す 힘을 빌려 주다. 조력하다

小出幹雄(こいでみきお) 고이데 미키오. 사람 이름

冠(かん)たる 가장 훌륭한 모습. 으뜸가는 모습을 나타내는 표현

忘(わす)れ去(さ)る 잊어버리다. 망각하다

焦(あせ)り 초조함

よみがえる 되살아나다. 소생하다

レコードをかける 레코드를 틀다

意気込(いきご)み (어떤 일을 하려고) 분발함. 의지. 기세(氣勢). 패기

明(あ)かす 밝히다. 털어놓다. 명백히 하다. 증명하다

味(あじ)わう 맛보다. 체험하다

事前予約制(じぜんよやくせい) 사전예약제

受付(うけつけ) 접수. 접수처

본문 읽기 및 모범 번역

10. 日本漫画の聖地「トキワ荘」、38年ぶりに復元

地域ニュース

『鉄腕アトム』の手塚治虫さんや『ドラえもん』の藤子・F・不二雄さんら、日本を代表する漫画家たちが若き日をともに過ごしながら、作品に情熱を注いでいたトキワ荘が、7月7日、38年ぶりに東京都豊島区で「トキワ漫画ミュージアム」という名前で復元されました。

トキワ荘は1952年に建てられた木造2階建てのアパートですが、建物の老巧化により、1982年に取り壊された、漫画の聖地ともいわれている所です。しかし、賑わいを失いつづけていた地域に活気を取り戻そうとする地元商店街の人々や豊島区、さらにトキワ荘の住人だった漫画家たちが、一緒に力を合わせて、昔のトキワ荘の写真などを手掛かりにし、今月、ついに再建に成功したのです。工事期間は約1年で、総工事費は9億8000万円でした。

建物は、本来のトキワ荘の雰囲気を醸し出すために築10年ごろを想定して設計され、見た目では新築というよりは、少し古ぼけた、馴染みのある建物のように感じられます。昔のトキワ荘があった所には、現在、日本加除出版という会社が立っているため、「トキワ漫画ミュージアム」は、やむを得ず、その跡地から西に約300メートルほど離れている南長崎花咲公園の中に建てられました。最寄りの都営大江戸線「落合南長崎駅」からは徒歩で5分、そして、西武池袋線「東長崎駅」からは徒歩で10分ぐらいの所です。

館内の1階には、トキワ荘ゆかりの漫画雑誌や手塚治虫さんが描いた自画像の天井板などが、マンガラウンジや企画展示室に展示されているほか、2階には、漫画家たちが使っていた四畳半の仕事部屋や共同炊事場、便所などが忠実に復元されています。とりわけ、部屋のなかに散らかされている描きかけの漫画原稿やペン、小さな机、火鉢、ガスコンロ、ビールの空き瓶や食べ終わったラーメンの食器、さらに2階に上るときの階段の“きしむ”音などは、昔のトキワ荘を偲ばせるに足る趣があるでしょう。

地元で時計屋を営むかたわら、トキワ荘の復元に懸命に力を貸した小出幹雄さんは、「漫画が世界に冠たる日本の文化になったわりには、原点の地を大事にするということができていなかった。トキワ荘が忘れ去られてしまうという焦りもあり、町全体でPRできたらいいと思ったんです」（NHK WEB特集「よみがえったトキワ荘『石ノ森さんはレコードをかけながら…』」）と、復元活動に懸けた自分の意気込みを明かしました。

当面の間は、来館するお客様がゆっくりとトキワ荘を味わえるように事前予約制となっており、明日からホームページで受付が開始されます。

10. 일본 만화의 성지 '도키와장(トキワ荘)', 38년만에 복원

지역뉴스

『철완 아톰』의 데즈카 오사무(手塚治虫) 씨나 『도라에몽』의 후지코·F·후지오(藤子·F·不二雄) 씨 등, 일본을 대표하는 만화가들이 젊은 날을 함께 보내면서, 작품에 정열을 쏟았던 도키와장이 7월 7일, 38년만에 도쿄도(東京都) 도시마구(豊島区)에서 '도키와만화뮤지엄(トキワ漫画ミュージアム)'이라는 이름으로 복원되었습니다.

도기와장은 1952년에 세워진 목조 2층 건물로 된 아파트입니다만, 건물의 노후화로 인해 1982년에 헐렸던, 만화의 성지라고도 일컬어지는 곳입니다. 그러나, 줄곧 번화함을 잃고 있던 지역에 활기를 되찾고자 하는 그 고장의 상가 사람들이나 도시마구(豊島区), 나아가 도키와장에 거주하는 사람이었던 만화가들이 같이 힘을 합쳐서 옛날의 도키와장의 사진 등을 단서로 삼아 이번 달 마침내 재건에 성공한 것입니다. 공사 기간은 약 1년으로, 총 공사비는 9억 8000만 엔이었습니다.

건물은 본래의 도키와장의 분위기를 빚어내기 위해 지은 지 10년 정도를 상정해서 설계하였으며, 겉보기에는 신축이라기보다는 조금 낡아서 퇴색된, 친숙함이 있는 건물처럼 느껴집니다. 옛날 도키와장이 있었던 곳에는, 현재, 일본가조출판(日本加除出版)이라는 회사가 서 있기 때문에, '도키와만화뮤지엄'은 할 수 없이, 철거한 터에서 서쪽으로 약 300미터 정도 떨어진 미나미나가사키하나사키공원(南長崎花咲公園) 안에 세워졌습니다. 가장 가까운 도에이오에도선(都営大江戸線) '오치아이미나미나가사키역(落合南長崎駅)'에서는 도보로 5분, 그리고, 세이부이케부쿠로선(西武池袋線) '히가시나가사키역(東長崎駅)'에서는 도보로 10분 정도에 있습니다.

관내(館内)의 1층에는 도키와장과 연고가 있는 만화 잡지나 데즈카 오사무 씨가 그린 자화상 천장널 등이 만화 라운지나 기획전시실에 전시되어 있는 것 외에도, 2층에는 만화가들이 시용했던 다다미 네 장 반(四畳半) 크기의 작업실이나 공동 취사장, 변소 등이 충실하게 복원되어 있습니다. 특히, 방 안에 흩어져 있는 그리다 만 만화 원고나 펜, 작은 책상, 화로, 가스렌지, 빈 맥주병이나 다 먹은 라면 식기, 게다가 2층에 올라갈 때의 계단 삐걱거리는 소리 등은 옛날의 도키와장을 그리워하기에 충분한 운치가 있을 것입니다.

이 동네에서 시계점을 경영하는 한편, 도키와장 복원에 열심히 도움을 준 고이데 미키오(小出幹雄) 씨는 "만화가 세계에 군림하는 일본문화가 된 것에 비해서는, 원점(原點)의 땅을 소중히 여긴다고는 말할 수 없었다. 도키와장이 아주 잊히고 말 것이라는 초조함도 있어서, 동네 전체 차원에서 PR을 할 수 있었으면 좋겠다고 생각했습니다."(NHK WEB 특집 「되살아난 도키와장 『이시노모리(石の森) 씨는 레코드를 틀면서…』」)라고,

복원 활동에 건 자신의 의지를 밝혔습니다.

당분간은 내관(来館)하는 손님이 충분히 도키와장을 체험할 수 있도록 사전 예약제로 되어 있으며, 내일부터 홈페이지에서 접수가 개시됩니다.

MEMO

11 본문

新宿駅の東西自由通路工事

地域ニュース

一日の利用客が350万人にも達し、世界でもっとも乗降客の多いターミナルとしてギネスブックにも認定されている新宿駅。JR東日本・小田急電鉄・京王電鉄・東京メトロ・東京都交通局の5社が乗り入れており、路線の数は17本、1日2,350本もの電車が新宿駅のレールを走る。それで、構内はいつも駅を利用する人々で非常に混雑している。インターネット上では、「駅内で迷子になった」、「駅から出られない」、または「迷路中の迷路駅」、「完全なるダンジョンだ」という、利用者たちの苦悩がささやかれている。

そんな中、JR東日本は7月19日、利用客の便宜を図るために、新宿駅の東口と西口を結ぶ「東西自由通路」を約8年間の工事の末、開通したと報じた。総工事費は122億円で、国と新宿区、JR東日本が均等に負担している。通路は、幅約25メートル、長さ約100メートル。この地下通路の開通により、駅の利用客は、東西の出口を遠回りする必要がなくなり、行き来しやすくなった。当然、移動時間も2分ほど短くなったという。以前は改札で塞がれていたため、東西間を自由に通り抜けることができなかった。

この工事は、新宿駅周辺整備のために新宿区が2010年度に作った「社会資本総合整備計画」に基づいて進められたものだ。この計画では、工事の目的を「東西の連絡は鉄道により分断されている。（中略）東西自由通路の整備を中心とした新宿駅周辺整備により、歩行者の回遊性の向上、良好な歩行者ネットワークの形成、新宿の街の活性化を目指す」と記している。

今回の「東西自由通路」工事が新宿駅一帯の環境整備の皮切りになることに期待を寄せる。

번역 연습

利用客(りようきゃく) 이용객
達(たっ)する 달하다. 도달하다. 이르다
乗降客(じょうこうきゃく) 타고 내리는 손님
ターミナル 터미널. 철도의 시발 · 종착역. 각종 교통 기관이 모여 있는 역
ギネスブック 기네스북
認定(にんてい)する 인정하다
新宿駅(しんじゅくえき) 신주쿠역
JR東日本(ひがしにほん) JR히가시니혼. 일본 국영철도의 사유화로 생긴 7개의 철도회사 가운데 하나. 일본에서 가장 큰 철도회사임
小田急電鉄(おだきゅうでんてつ) 오다큐전철. 일본 대기업 사철(私鉄)의 하나
京王電鉄(けいおうでんてつ) 게이오전철. 도쿄(東京)와 가나가와현(神奈川県)에서 영업하는 대형 사철(私鉄)의 하나
東京(とうきょう)メトロ 도쿄메트로. 에이단(営団)지하철을 개편해 2004년 출범한 수도권 철도회사
交通局(こうつうきょく) 교통국
乗(の)り入(い)れる 버스나 전차 등이 어느 지역 내에 정기 노선을 개설하다
路線(ろせん) 노선
構内(こうない) 구내
混雑(こんざつ) 혼잡
迷子(まいご) 미아
迷路(めいろ) 미로
迷路駅(めいろえき) 미로 역
ダンジョン 토굴 감옥. 지하 감옥
苦悩(くのう) 고뇌
ささやく 속삭이다. 소곤거리다
便宜(べんぎ) 편의
図(はか)る 도모하다. 계획하다. 꾀하다
末(すえ) 끝. 마지막
開通(かいつう)する 개통하다
報(ほう)じる 보도하다. 알리다
総工事費(そうこうじひ) 총공사비
均等(きんとう) 균등
負担(ふたん) 부담
幅(はば) 폭
地下通路(ちかつうろ) 지하통로
遠回(とおまわ)りする 우회하다
行(ゆ)き来(き) 왕래
改札(かいさつ) 개찰구
塞(ふさ)ぐ 틀어막다. 가리다
通(とお)り抜(ぬ)ける 빠져 나가다
資本(しほん) 자본
総合整備計画(そうごうせいびけいかく) 종합정비계획
進(すす)める 앞으로 나아가다. 앞으로 움직이다
基(もと)づく 기초를 두다. 의거하다. 기인하다
分断(ぶんだん)する 분단하다
歩行者(ほこうしゃ) 보행자
回遊性(かいゆうせい) 회유성
向上(こうじょう) 향상
目指(めざ)す 지향(志向)하다. 목표로 하다. 노리다
記(しる)す 적다. 쓰다. 기록하다
一帯(いったい) 일대. 일원
環境整備(かんきょうせいび) 환경 정비
皮切(かわき)り 최초. 일의 시작. 시초. 개시
期待(きたい)を寄(よ)せる 기대를 모으다. 기대를 해보다

본문 읽기 및 모범 번역

11. 新宿駅の東西自由通路工事

地域ニュース

一日の利用客が350万人にも達し、世界でもっとも乗降客の多いターミナルとしてギネスブックにも認定されている新宿駅。JR東日本・小田急電鉄・京王電鉄・東京メトロ・東京都交通局の5社が乗り入れており、路線の数は17本、1日2,350本もの電車が新宿駅のレールを走る。それで、構内はいつも駅を利用する人々で非常に混雑している。インターネット上では、「駅内で迷子になった」、「駅から出られない」、または「迷路中の迷路駅」、「完全なるダンジョンだ」という、利用者たちの苦悩がささやかれている。

そんな中、JR東日本は7月19日、利用客の便宜を図るために、新宿駅の東口と西口を結ぶ「東西自由通路」を約8年間の工事の末、開通したと報じた。総工事費は122億円で、国と新宿区、JR東日本が均等に負担している。通路は、幅約25メートル、長さ約100メートル。この地下通路の開通により、駅の利用客は、東西の出口を遠回りする必要がなくなり、行き来しやすくなった。当然、移動時間も2分ほど短くなったという。以前は改札で塞がれていたため、東西間を自由に通り抜けることができなかった。

この工事は、新宿駅周辺整備のために新宿区が2010年度に作った「社会資本総合整備計画」に基づいて進められたものだ。この計画では、工事の目的を「東西の連絡は鉄道により分断されている。（中略）東西自由通路の整備を中心とした新宿駅周辺整備により、歩行者の回遊性の向上、良好な歩行者ネットワークの形成、新宿の街の活性化を目指す」と記している。

今回の「東西自由通路」工事が新宿駅一帯の環境整備の皮切りになることに期待を寄せる。

11. 신주쿠역(新宿駅)의 동서 자유 통로 공사(東西自由通路工事)

지역뉴스

하루 이용객이 350만 명이나 달해, 세계에서 가장 승하차 손님이 많은 터미널로 기네스북에도 인정받고 있는 신주쿠역. JR히가시니혼(JR東日本)·오다큐전철(小田急電鉄)·게이오전철(京王電鉄)·도쿄메트로(東京メトロ)·도쿄도교통국(東京都交通局)의 5개 회사가 정기노선을 개설하고 있고, 노선 수는 17개 선, 하루 2, 350개나 되는 전차가 신주쿠역 레일을 달린다. 그래서 구내는 언제나 역을 이용하는 사람들로 혼잡하다. 인터넷 상에서는, "역내에서 미아가 되었다", "역에서 나갈 수가 없다", 또는 "미로 중의 미로 역", "완전한 지하 미로 감옥이다"라고 하는, 이용자들의 고뇌가 속삭여진다.

그런 중에 JR히가시니혼은 7월 19일, 이용객 편의를 도모하기 위해, 신주쿠역의 동쪽 출입구와 서쪽 출입구를 잇는 '동서 자유 통로(東西自由通路)'를 약 8년간의 공사 끝에 개통했다고 보도했다. 총 공사비는 122억 엔으로, 국가와 신주쿠구(新宿区), JR히가시니혼이 균등하게 부담했다. 통로는 폭 약 25미터, 길이 약 100미터. 이 지하통로 개통으로 인해 역 이용객은 동서 출구를 우회할 필요가 없어졌고 왕래가 쉬워졌다. 당연히 이동시간도 2분 정도 짧아졌다고 한다. 이전에는 개찰구로 막혀 있었기 때문에, 동쪽과 서쪽 사이를 자유롭게 지나다닐 수가 없었다.

이 공사는 신주쿠역 주변 정비를 위해서 신주쿠구가 2010년도에 만든「사회자본 종합 정비 계획」에 근거하여 진행된 것이다. 이 계획에서는, 공사 목적을 "동서로 통하는 길은 철도에 의해 분단되어 있다. (중략) 동서 자유 통로 정비를 중심으로 한 신주쿠역 주변 정비에 의해 보행자의 회유성(回遊性) 향상, 양호한 보행자 네트워크의 형성, 신주쿠 거리의 활성화를 지향한다"고 기록하고 있다.

이번 '동서 자유 통로' 공사가 신주쿠역 일대의 환경정비 출발점이 될 것으로 기대를 모은다.

MEMO

12 본문

天気 —台風・梅雨・猛暑日—

1) 台風

テレビニュース

15日火曜日の天気予報をお伝えします。

沖縄・奄美は、フィリピンの東北にあった熱帯低気圧が台風に変わって上陸する見通しで、今日の夕方から明日の正午にかけて、雷を伴う非常に激しい雨が降る恐れがあります。15日の午後6時までの24時間に降る雨の量は、那覇850ミリから1000ミリ、奄美800ミリから950ミリと予想されており、大雨に厳重な警戒が必要です。

また、気象庁は、今回の台風2号は、暴風だけでなく、落雷や非常に激しい雨を伴う可能性も高いとして、今後、最新の情報に注意するよう呼び掛けています。海は大しけとなる見込みで、それに備えて、船は港などの安全な場所へ早めに避難してください。さらに、低い土地の床上・床下浸水、高波、河川の氾濫、停電などにも注意が必要です。これまでの大雨で地盤が緩んでいる所もあり、今夜さらに大雨が続きますと、土砂災害の危険性も高まる恐れがあります。ご注意ください。

天気が回復へ向かうのは、17日木曜日の午前11時以降となる見込みです。明日も沖縄・奄美は大荒れの天気になるでしょう。気温は平年並みで、最高気温は25度前後と予想されています。

2) 梅雨

テレビニュース

梅雨前線が西日本の熊本県(くまもとけん)・宮崎県(みやざきけん)・鹿児島県(かごしまけん)に停滞し、広い範囲で、滝のような猛烈な雨が三日連続で降っています。地元の気象台によりますと、上空の寒気に南から温かい空気が流れ込んだ影響で、県内全域に湿った雨雲が停滞し、降り始めてから今日の午後2時までの雨の量は、熊本市1150ミリ、宮崎市980ミリ、鹿児島市1220ミリを観測しています。山沿いや太平洋側では、局地的に1時間に90ミリ以上の猛烈な雨が降る所もありま

번역 연습

す。

そのため、3県いずれも、厚生労働省が作成した「警戒レベル４」に当たる「全員避難」の指示が、13日午前8時の時点で、熊本県で熊本市など45市町村計約70万世帯178万人、宮崎県で26市町村計約47万世帯107万人、鹿児島県で43市町村計約72万世帯160万人に出ています。最寄りの避難所をお確かめの上、指示に従って、早めに避難してください。各地で土砂災害や建物の倒壊、河川の氾濫などが相次いでおり、行方不明者も続出しています。現在のところ、住宅の浸水被害だけでも3700棟以上に上ると見られています。

また、交通機関にも影響が続き、JR九州によりますと、九州新幹線は午前7時30分ごろから「熊本(くまもと)」―「鹿児島中央」の上下線で、また、豊肥本線(ほうひほんせん)は午前8時10分ごろから「宮崎(みやざき)」―「鹿児島中央」の上下線でそれぞれ運転を見合わせています。なお、日本航空（JAL）および全日空（ANA）の宮崎空港発東京羽田(はねだ)行きの17便と鹿児島空港発大阪(おおさか)行きの12便、計29便が欠航となっています。

3) 猛暑日

テレビニュース

東日本の東京・横浜では、今日も太平洋高気圧に覆われ記録的な猛暑日となりました。史上最高となる横浜38・3度、東京39・7度を観測しています。気象台は高温注意情報を出して熱中症に十分注意するよう呼びかけています。こまめに水分や塩分を摂るよう心掛けましょう。なお、今夜も25度を超える寝苦しい熱帯夜となりそうです。こうした危険な暑さにより、熱中症で救急搬送される人が急増しています。今日発表された総務省消防庁の速報によりますと、今年の7月29日から8月4日までの1週間の間、熱中症によって救急搬送された人数は1万8347人でしたが、そのうち57人が死亡したそうです。熱中症は命にかかわる危険なものですので、皆さんも、外出するとき、日傘などで備えをし、命を守るよう心掛けてください。

번역 연습

1)台風

たいふう
台風 태풍
てんき
天気 날씨
よほう
予報 예보
つゆ
梅雨 장마
もうしょび
猛暑日 최고 기온이 35°C 이상 되는 날. 폭염
おきなわ
沖縄 오키나와
あまみ
奄美 아마미섬. 가고시마현(鹿児島県)의 아마미오시마(奄美大島)에 있는 섬
とうほく
東北 동북
ねったいていきあつ
熱帯低気圧 열대저기압
じょうりく
上陸する 상륙하다
みとお
見通し 전망
かみなり
雷 천둥. 벼락
ともな
伴う 동반하다. 수반하다
はげ
激しい 세차다. 격심하다
おそ
恐れ 염려. 우려
なは
那覇 나하시. 오키나와(沖縄) 남서부의 시
げんじゅう
厳重 엄중. 삼엄
けいかい
警戒 경계
きしょうちょう
気象庁 기상청
ぼうふう
暴風 폭풍
らくらい
落雷 낙뢰
よか
呼び掛ける 당부하다. 호소하다
おお
大しけ (폭풍우로) 바다가 매우 거칠어지는 것
みこ
見込み 전망
そな
備える 준비하다. 대비하다. 구비하다. 마련하다
みなと
港 항구
ひなん
避難 피난
ゆかうえ
床上 마루 위(=바닥 위)
ゆかした
床下 마루 아래(=바닥 아래)
しんすい
浸水 침수
たかなみ
高波 높은 파도. 큰 놀
かせん
河川 하천
はんらん
氾濫 범람
じばん
地盤 지반
ゆる
緩む 느슨해지다. 풀어지다. 누그러지다
どしゃ
土砂 토사
さいがい
災害 재해
きけんせい
危険性 위험성
かいふく
回復 회복
おおあ
大荒れ 심한 폭풍우
へいねんな
平年並み 평년 수준

2) 梅雨

つゆ
梅雨(ばいう) 장마
くまもとけん
熊本県 구마모토현
みやざきけん
宮崎県 미야자키현
かごしまけん
鹿児島県 가고시마현
ていたい
停滞 정체
はんい
範囲 범위
たき
滝 폭포
もうれつ
猛烈 맹렬. 정도가 심함
きしょうだい
気象台 기상대
じょうくう
上空 상공
かんき
寒気 차가운 공기. 한기. 추위
なが こ
流れ込む 유입되다. 흘러들다
しめ
湿る 습하다. 축축해지다. 습기차다
あまぐも
雨雲 비구름
ふ はじ
降り始める 내리기 시작하다
かんそく
観測 관측
やまぞ
山沿い 산에 접해 있는 지역
たいへいよう
太平洋 태평양

새로운 단어

局地的(きょくちてき) 국지적
厚生労働省(こうせいろうどうしょう) 후생노동성
最寄り(もより) 가장 가까움
確かめる(たしかめる) 확인하다
相次ぐ(あいつぐ) 잇따르다
倒壊(とうかい) 붕괴. 무너짐
九州新幹線(きゅうしゅうしんかんせん) 규슈신칸센
上下線(じょうげせん) 상하행선
見合わせる(みあわせる) (사정을 고려하여) 실행을 미루다. 보류하다
日本航空(にほんこうくう) 니혼코쿠(일본항공)
全日空(ぜんにっくう) 젠닛쿠(전일본항공)
欠航(けっこう) 결항
予報(よほう) 예보
消防庁(しょうぼうちょう) 소방청
速報(そくほう) 속보
命(いのち)にかかわる 생명에 관계되다
日傘(ひがさ) 양산
備え(そなえ) 대비. 준비

3)猛暑日

猛暑日(もうしょび) 혹서일. 매우 더운 날
横浜(よこはま) 요코하마
高気圧(こうきあつ) 고기압
覆う(おおう) (뒤)덮다
熱中症(ねっちゅうしょう) 열사병
十分に(じゅうぶんに) 충분히
こまめに 열심히 일 등을 하는 모습
水分(すいぶん) 수분
摂る(とる) 섭취하다. 먹다
心掛ける(こころがける) 주의하다. 유의하다. 명심하다
寝苦しい(ねぐるしい) (고통 · 더위 따위로) 잠들기 어렵다. 잠을 잘못자다
熱帯夜(ねったいや) 열대야
救急搬送(きゅうきゅうはんそう) 구급반송. 구급이송
急増(きゅうぞう) 급증
総務省(そうむしょう) 총무성

본문 읽기 및 모범 번역

12. 天気—台風・梅雨・猛暑日—

1) 台風

テレビニュース

15日火曜日の天気予報をお伝えします。

沖縄・奄美は、フィリピンの東北にあった熱帯低気圧が台風に変わって上陸する見通しで、今日の夕方から明日の正午にかけて、雷を伴う非常に激しい雨が降る恐れがあります。15日の午後6時までの24時間に降る雨の量は、那覇850ミリから1000ミリ、奄美800ミリから950ミリと予想されており、大雨に厳重な警戒が必要です。

また、気象庁は、今回の台風2号は、暴風だけでなく、落雷や非常に激しい雨を伴う可能性も高いとして、今後、最新の情報に注意するよう呼び掛けています。海は大しけとなる見込みで、それに備えて、船は港などの安全な場所へ早めに避難してください。さらに、低い土地の床上・床下浸水、高波、河川の氾濫、停電などにも注意が必要です。これまでの大雨で地盤が緩んでいる所もあり、今夜さらに大雨が続きますと、土砂災害の危険性も高まる恐れがあります。ご注意ください。

天気が回復へ向かうのは、17日木曜日の午前11時以降となる見込みです。明日も沖縄・奄美は大荒れの天気になるでしょう。気温は平年並みで、最高気温は25度前後と予想されています。

12. 날씨 -태풍 · 장마 · 혹서일-

1) 태풍

TV뉴스

15일 화요일의 일기예보를 전해드립니다.

오키니와(沖縄) · 아마미(奄美)는 필리핀 동북에 있던 열대저기압이 태풍으로 바뀌어 상륙할 전망이며, 오늘 저녁 무렵부터 내일 정오에 걸쳐 천둥을 동반한 많은 비가 내릴 우려가 있습니다. 15일 오후 6시까지 24시간에 내릴 비의 양은 나하(那覇) 850밀리미터에서 1000밀리미터, 아마미 800밀리미터에서 950밀리미터로 예상되고 있기 때문에, 큰비에 엄중한 경계가 필요합니다.

또한, 기상청은 이번 태풍 2호는 폭풍뿐만 아니라, 낙뢰나 대단히 격렬한 비를 동반할 가능성도 높다고 하며, 향후, 최신 정보에 주의를 기울이도록 호소하고 있습니다. 바다는 큰 파도가 일 것으로 전망되며, 거기에 대비해 배는 항구 등의 안전한 장소로 빨리 피난해 주십시오. 더하여 저지대의 마루 위·마루 아래 침수, 높은 파도, 하천의 범람, 정전 등에도 주의가 필요합니다. 지금까지의 큰비로 지반이 느슨해진 곳도 있기 때문에, 오늘 밤에 계속해서 큰비가 오게 되면, 산사태 재해가 발생할 위험성도 커질 염려가 있습니다. 주의해 주십시오.

날씨가 회복이 되는 것은 17일 목요일 오전 11시 이후가 될 전망입니다. 내일도 오키나와·아마미는 폭풍우가 심한 날씨가 될 것입니다. 기온은 평년과 같이 최고기온이 25도 전후가 될 것으로 예상되고 있습니다.

2) 梅雨

テレビニュース

梅雨前線が西日本の熊本県・宮崎県・鹿児島県に停滞し、広い範囲で、滝のような猛烈な雨が三日連続で降っています。地元の気象台によりますと、上空の寒気に南から温かい空気が流れ込んだ影響で、県内全域に湿った雨雲が停滞し、降り始めてから今日の午後2時までの雨の量は、熊本市1150ミリ、宮崎市980ミリ、鹿児島市1220ミリを観測しています。山沿いや太平洋側では、局地的に1時間に90ミリ以上の猛烈な雨が降る所もあります。

そのため、3県いずれも、厚生労働省が作成した「警戒レベル４」に当たる「全員避難」の指示が、13日午前8時の時点で、熊本県で熊本市など45市町村計約70万世帯178万人、宮崎県で26市町村計約47万世帯107万人、鹿児島県で43市町村計約72万世帯160万人に出ています。最寄りの避難所をお確かめの上、指示に従って、早めに避難してください。各地で土砂災害や建物の倒壊、河川の氾濫などが相次いでおり、行方不明者も続出しています。現在のところ、住宅の浸水被害だけでも3700棟以上に上ると見られています。

また、交通機関にも影響が続き、JR九州によりますと、九州新幹線は午前7時30分ごろから「熊本」—「鹿児島中央」の上下線で、また、豊肥本線は午前8時10分ごろから「宮崎」—「鹿児島中央」の上下線でそれぞれ運転を見合わせています。なお、日本航空（JAL）および全日空（ANA）の宮崎空港発東京羽田行きの17便と鹿児島空港発大阪行きの12便、計29便が欠航となっています。

2) 장마

TV뉴스

장마전선이 서일본(西日本)의 구마모토현(熊本県)·미야자키현(宮崎県)·가고시마현(鹿児島県)에 정체하여, 넓은 범위에서 폭포와 같은 맹렬한 비가 사흘 연속으로 내리고 있습니다. 이 지역의 기상대에 따르면, 상공의 찬 공기에 남쪽에서 흘러 들어온 따뜻한 공기의 영향으로, 현내(県内) 전역에 습기찬 비구름이 정체하며, 비가 내리기 시작한 후 오늘 오후 2시까지 내린 비의 양은 구마모토시(熊本市) 1150밀리미터, 미야자키시(宮崎市) 980밀리미터, 가고시마시(鹿児島市) 1220밀리미터를 관측하고 있습니다. 산기슭에 접해 있는 곳이나 태평양 쪽에서는 국지적으로 1시간에 90밀리미터 이상의 맹렬한 비가 내리는 곳도 있습니다.

그 때문에 세 현 모두, 국토후생성(國土厚生省)이 작성한 '경계 레벨4'에 해당되는 '전원 피난' 지시가, 13일 오전 8시 시점에서, 구마모토현에서 구마모토시 등 45개 시정촌(市町村, 우리나라의 시·읍·면에 해당) 합계 약 70만 세대 178만 명, 미야자키현에서 26개 시정촌 합계 약 47만 세대 107만 명, 가고시마현에서 43개 시정촌 합계 약 72만 세대 160만 명에게 나와 있습니다. 근처의 피난처를 확인하시고 지시에 따라서 빨리 피난해 주십시오. 각지에서 토사 재해나 건물 붕괴, 하천 범람 등이 잇따르고 있고, 행방 불명자도 속출하고 있습니다. 현재로서는 주택의 침수피해만으로도 3700동 이상이 된다고 보입니다.

또한, 교통기관에도 영향이 이어져, JR규슈(JR九州)에 의하면, 규슈 신칸센(九州新幹線)은 오전 7시 30분경부터 '구마모토(熊本)'—'가고시마중앙(鹿児島中央)'의 상하행선에서, 또 호히본선(豊肥本線)은 오전 8시 10분경부터 '미야자키(宮崎)'—'가고시마중앙(鹿児島中央)' 상하행선에서 각각 운행을 보류하고 있습니다. 또, 일본항공(JAL) 및 전일본(全日本, JAL)의 미야자키(宮崎) 공항발 도쿄 하네다행(羽田行) 17편과 가고시마(鹿児島) 공항발 오사카행(大阪行) 12편, 합계 29편이 결항되고 있습니다.

3) 猛暑日

テレビニュース

東日本の東京・横浜では、今日も太平洋高気圧に覆われ記録的な猛暑日となりました。史上最高となる横浜38・3度、東京39・7度を観測しています。気象台は高温注意情報を出して熱中症に十分注意するよう呼びかけています。こまめに水分や塩分を摂るよう心掛けましょう。なお、今夜も25度を超える寝苦しい熱帯夜となりそうです。こうした危険な暑さにより、熱中症で救急搬送される人が急増しています。今日発表された総務省消防庁の速報によりますと、今年の7月29日から8月4日までの1週間の間、熱中症によって救急搬送された人数は1万8347人でしたが、そのうち57人が死亡したそうです。熱中症は命にかかわる危険なものですので、皆さんも、外出するとき、日傘などで備えをし、命を守るよう心掛けてください。

3) 혹서일

TV뉴스

동일본(東日本)의 도쿄(東京)·요코하마(横浜)에서는, 오늘도 태평양 고기압에 뒤덮혀 기록적인 혹서의 날이 되겠습니다. 사상 최고가 되는 요코하마 38·3도, 도쿄 39·7도를 관측하고 있습니다. 기상대는 고온주의 정보를 내고, 열사병(고온 고열로 인해 더위를 먹는 병으로, 머리가 아프고 졸도함. 사망률이 높음)에 충분히 주의하도록 호소하고 있습니다. 부지런히 수분이나 염분을 섭취하도록 항상 유의합시다. 또한, 오늘 밤도 25도를 넘는 잠들기 힘든 열대야가 될 것 같습니다. 이러한 위험한 더위로 인해, 열사병으로 구급 이송되는 사람이 급증하고 있습니다. 오늘 발표된 총무성(總務省) 소방청의 속보에 따르면, 올해 7월 29일부터 8월 4일까지 1주일 동안 열사병에 의해 구급 이송된 사람 수는 1만 8347명이었습니다만, 그중 57명이 사망했다고 합니다. 열사병은 생명에 관계되는 위험한 것이므로, 여러분도 외출할 때 양산 등으로 대비를 하고 생명을 지키도록 항상 유념해 주십시오.

13 본문

天気 —地震・大雪—

1) 地震

テレビニュース

(1)

番組の途中ですが、地震速報をお伝えします。17日午前7時15分ごろ、新潟県・山形県で最大震度7を観測する地震がありました。

気象庁によりますと、震源地は新潟沖(新潟市の北西48キロ付近)で、震源の深さはおよそ10キロ、地震の規模を示すマグニチュードは7.4と推定されています。

この地震により、気象庁は先ほど大津波警報を発表しました。今現在の時間は午前7時16分ですが、地域別、予想される津波の第1波の到達時刻を申しあげます。佐渡は午前7時22分、波の高さは4メートル、新潟県上中下越は午前7時38分、波の高さ4メートル、山形県酒田市は午前8時10分、波の高さは3メートルと予想されています。佐渡島はもうすぐ津波が来ますので、逃げ遅れないように、直ちに安全地帯へ避難してください。大津波は想像をはるかに超える速さで襲ってきます。この地域の沿岸部にお住いの方は、海岸などへ近づかないで、直ちに安全な場所へ避難してください。また、落下物などで怪我をしないよう身を守ってください。

(2)

このスタジオの中でも、先ほど非常に激しい揺れが続きましたが、続いている大地震のため、家が崩れて、瓦礫の下に人が埋もれたり、階段などで転落して骨折したりする事故が相次いでいます。また、斜面の亀裂、崖崩れ、道の崩落などによる事故も続出しております。今まで確認されている情報では、12日月曜日から14日水曜日までの3日間の地震により、新潟県・山形県、両県を合わせて、死亡者30人、怪我人78人が出ています。緊急消防援助隊も救助犬を連れて出動し、捜索や救助活動に取り組んでいますので、助けが必要な方は、119番へと緊急通報してください。

번역 연습

2）大雪

テレビニュース

石川県は、冬型の気圧配置が強まるなか、上空に強い寒気が流れ込んでいるため、雪雲が発達し、県内は今年一番の寒波の襲来とともに記録的な豪雪に見舞われています。金沢市では、昨日の午前8時から17日にかけての雪で積雪量が215センチにも達し、38年ぶりに観測史上最高値を記録しました。午後6時現在の県内の積雪量を見てみますと、加賀市で210センチ、白山市で197センチ、輪島市で128センチを記録しています。特に山側では明後日の午前まで、まとまった雪が降り続くおそれがありますので、特別な警戒が必要です。

また、連日続いている大雪の影響で、交通の麻痺や事故も相次いでいます。北陸自動車道の「金沢東IC」—「小松IC」間では昨夜から今朝にかけて、長時間にわたって通行止めが続き、最大1700台の車が立ち往生しています。車両の通行が円滑になるのは、今現在では、今夜10時以降のことと予想されています。また、幹線道路では車が滑って追突・横転する事故も続いています。さらにJR西日本の金沢支社によりますと、JRの特急列車・私鉄・普通列車の上下線とも始発から終日運休となっています。また、空の便も小松空港に発着するすべての便が欠航となっています。加えて、市内バスも大半以上が運休となっており、都市全体の交通機能がほぼ麻痺状態になっています。また、県内の小中学校もすべて休校となっています。

明後日の午前以後になると、雪は小康状態になりますが、週明けには再び大雪が降る恐れがありますので、厳重な警戒が必要です。

번역 연습

1) 地震

じしん
地震 지진

ばんぐみ
番組 (TV 등의) 프로그램

とちゅう
途中 도중

さいだいしんど
最大震度 최대진도

かんそく
観測する 관측하다

しんげんち
震源地 진원지

ふきん
付近 부근

きぼ
規模 규모

しめ
示す 가리키다. 나타내다

すいてい
推定 추정

さき
先ほど 아까. 조금 전. さっき보다 공손한 표현

おおつなみ
大津波 대형 쓰나미(해일)

もう
申しあげる 말씀드리다

さど
佐渡 사도. 니이가타(新潟)에 있는 섬

なみ
波 파도

じょうちゅうかえつ
上中下越 니이가타현(新潟県)의 조추카에쓰지방

やまがたけんさかたし
山形県酒田市 야마가타현 사카타시

に おく
逃げ遅れる 도망칠 기회를 잃다. 기회를 놓쳐 도망가지 못하다

ただ
直ちに 즉시. 바로

あんぜんちたい
安全地帯 안전지대

はるかに 아득히. 훨씬. 매우

おそ
襲う 습격하다. 덮치다

えんがんぶ
沿岸部 연안부

すま
住い 주소. 주거

かいがん
海岸 해안

ちか
近づく 접근하다. 가까이 오다

らっかぶつ
落下物 낙하물

けが
怪我 상처

み まも
身を守る 몸을 보호하다

ゆ
揺れ 요동. 흔들림

くず
崩れる 무너지다. 붕괴하다

がれき
瓦礫 기왓조각과 자갈. 잔해

う
埋もれる 묻히다

てんらく
転落する 굴러서 떨어지다. 전락하다

こっせつ
骨折 골절

あいつ
相次ぐ 잇따르다

しゃめん きれつ
斜面の亀裂 경사면의 균열

がけくず
崖崩れ (산비탈, 벼랑의) 사태

ほうらく
崩落 붕락(허물어져 떨어짐)

ぞくしゅつ
続出する 속출하다

しぼうしゃ
死亡者 사망자

けがにん
怪我人 부상자

えんじょたい
援助隊 구조대

きゅうじょけん
救助犬 구조견

しゅつどう
出動する 출동하다

そうさく
捜索 수색

と く
取り組む 몰두하다. 임하다. 맞붙다

きんきゅうつうほう
緊急通報 긴급신고(통보)

2) 大雪

おおゆき
大雪 대설

いしかわけん
石川県 이시카와현

ふゆがた
冬型 겨울형

きあつはいち
気圧配置 기압 배치

つよ
強まる 강해지다. 세지다

じょうくう
上空 상공

かんき
寒気 한기. 차가운 공기. 추위

なが こ
流れ込む 흘러들다. 유입되다

ゆきぐも
雪雲 눈구름

かんぱ
寒波 한파

しゅうらい
襲来 습격

새로운 단어

豪雪(ごうせつ) 대설
見舞(みま)う 덮치다. 닥쳐오다. 문안하다
金沢市(かなざわし) 가나자와시
積雪量(せきせつりょう) 적설량
加賀市(かがし) 가가시
白山市(はくさんし) 하쿠산시
輪島市(わじまし) 와지마시
麻痺(まひ) 마비
立(た)ち往生(おうじょう)する 꼼짝못하다
幹線道路(かんせんどうろ) 간선도로
円滑(えんかつ) 원활
追突(ついとつ) 추돌
横転(おうてん)する 전도되다. 전복되다
通行止(つうこうど)め 통행금지
私鉄(してつ) 사철. 민영철도
上下線(じょうげせん) 상하행선
始発(しはつ) 시발. 하루 중 처음으로 출발하는 전철이나 철도
終日運休(しゅうじつうんきゅう) 종일 운행하지 않음
発着(はっちゃく) 발착. 출발과 도착을 아우르는 말
大半(たいはん) 대부분. 과반
休校(きゅうこう) 휴교
小康状態(しょうこうじょうたい) 소강상태
週明(しゅうあ)け 다음주 초

본문 읽기 및 모범 번역

13. 天気―地震・大雪―

1）地震

テレビニュース

(1)

番組の途中ですが、地震速報をお伝えします。17日午前7時15分ごろ、新潟県・山形県で最大震度7を観測する地震がありました。

気象庁によりますと、震源地は新潟沖（新潟市の北西48キロ付近）で、震源の深さはおよそ10キロ、地震の規模を示すマグニチュードは7.4と推定されています。

この地震により、気象庁は先ほど大津波警報を発表しました。今現在の時間は午前7時16分ですが、地域別、予想される津波の第1波の到達時刻を申しあげます。佐渡は午前7時22分、波の高さは4メートル、新県上中下越は午前7時38分、波の高さ4メートル、山形県酒田市は午前8時10分、波の高さは3メートルと予想されています。佐渡島はもうすぐ津波が来ますので、逃げ遅れないように、直ちに安全地帯へ避難してください。大津波は想像をはるかに超える速さで襲ってきます。この地域の沿岸部にお住いの方は、海岸などへ近づかないで、直ちに安全な場所へ避難してください。また、落下物などで怪我をしないよう身を守ってください。

13. 날씨 ―지진 · 대설―

1) 지진

TV뉴스

(1)

프로그램 도중입니다만, 긴급 지진속보를 전해드립니다. 17일 오전 7시 15분경, 니이가타현(新潟県)·야마가타현(山形県)에서 최대 진도7을 관측하는 지진이 있었습니다.

기상청에 따르면, 진원지는 니이가타의 먼 바다(니이가타시新潟市)의 북서 48킬로미터 부근)로, 진원의 깊이는 대략 10킬로미터, 지진의 규모를 나타내는 매그니튜드는 7.4로 추정되고 있습니다.

이 지진으로 인해, 기상청은 조금 전 큰 쓰나미 경보를 발표했습니다. 지금 현재 시간은 오전 7시 16분입니다만, 지역별 예상되는 쓰마니의 제1파(第1波) 도달시각을 말씀드리겠습니다. 사도(佐渡)는 오전 7시 22분, 파고는 4미터, 니이가타현 조추카에쓰(上中下越)는 오전 7시 38분, 파고 4미터, 야마가타현 사카타시(酒田市)는 오전 8시 10분, 파고는 3미터로 예상되고 있습니다. 사도가시마(佐渡島)는 이제 곧 쓰나미가 오기 때문에, 기회를 놓쳐 피하지 못 하는 일이 없도록 바로 안전지대로 피난해 주십시오. 큰 쓰나미는 상상을 훨씬 뛰어넘는 속도로 습격해 옵니다. 이 지역의 연안부에 사시는 분은 해안 등에 가까이 가지 말고, 바로 안전한 곳으로 피난해 주십시오. 또 낙하물 등으로 부상을 당하지 않도록 몸을 지켜 주십시오.

(2)

このスタジオの中でも、先ほど非常に激しい揺れが続きましたが、続いている大地震のため、家が崩れて、瓦礫の下に人が埋もれたり、階段などで転落して骨折したりする事故が相次いでいます。また、斜面の亀裂、崖崩れ、道の崩落などによる事故も続出しております。今まで確認されている情報では、12日月曜日から14日水曜日までの3日間の地震により、新潟県・山形県、両県を合わせて、死亡者30人、怪我人78人が出ています。緊急消防援助隊も救助犬を連れて出動し、捜索や救助活動に取り組んでいますので、助けが必要な方は、119番へと緊急通報してください。

(2)

이 스튜디오 안에서도 조금 전 대단히 심한 흔들림이 계속되었습니만, 잇따르고 있는 대지진 때문에, 집이 무너지고 깨진 기와 조각과 자갈 밑에 묻히거나, 계단 등에서 굴러떨어져 골절을 당하기도 하는 사고가 잇따르고 있습니다. 또한, 경사면의 균열, 산비탈의 사태, 길의 붕락(허물어져 떨어짐) 등에 의한 사고도 속출하고 있습니다. 지금까지 확인된 정보로는, 12일 월요일부터 14일 수요일까지 사흘간의 지진으로 인해, 니이가타현, 야마가타현, 두 현을 합해서, 사망자 30명, 부상자 78명이 나왔습니다. 긴급 소방 구조대도 구조견을 데리고 출동하여 수색이나 구조 활동에 최선을 다하고 있으니까, 도움이 필요하신 분은 바로 119번으로 긴급 통보해 주십시오.

2）大雪

テレビニュース

石川県は、冬型の気圧配置が強まるなか、上空に強い寒気が流れ込んでいるため、雪雲が発達し、県内は今年一番の寒波の襲来とともに記録的な豪雪に見舞われています。金沢市では、昨日の午前8時から17日にかけての雪で積雪量が215センチにも達し、38年ぶりに観測史上最高値を記録しました。午後6時現在の県内の積雪量を見てみますと、加賀市で210センチ、白山市で197センチ、輪島市で128センチを記録しています。特に山側では明後日の午前まで、まとまった雪が降り続くおそれがありますので、特別な警戒が必要です。

また、連日続いている大雪の影響で、交通の麻痺や事故も相次いでいます。北陸自動車道の「金沢東 IC 」—「小松 IC 」間では昨夜から今朝にかけて、長時間にわたって通行止めが続き、最大1700台の車が立ち往生しています。車両の通行が円滑になるのは、今現在では、今夜10時以降のことと予想されています。また、幹線道路では車が滑って追突・横転する事故も続いています。さらにJR西日本の金沢支社によりますと、JRの特急列車・私鉄・普通列車の上下線とも始発から終日運休となっています。また、空の便も小松空港に発着するすべての便が欠航となっています。加えて、市内バスも大半以上が運休となっており、都市全体の交通機能がほぼ麻痺状態になっています。また、県内の小中学校もすべて休校となっています。

明後日の午前以後になると、雪は小康状態になりますが、週明けには再び大雪が降る恐れがありますので、厳重な警戒が必要です。

2) 대설

TV뉴스

이시카와현은 겨울 형태의 기압배치가 강해지는 속에 상공에 강한 한기가 흘러 들어오고 있기 때문에, 눈구름이 발달하여, 현내(県内)에는 올해 들어 가장 추운 한파가 닥쳐옴(내습)과 더불어 기록적인 대설에 휩쓸리고 있습니다. 가나자와시(金沢市)에서는 어제 오전 8시부터 17일에 걸친 눈으로 적설량이 215센티미터에 달했으며, 38년 만에 관측 사상 최고치를 기록했습니다. 오후 6시 현재, 현내의 적설량을 보면, 가가시(加賀市)에서 210센티미터, 하쿠산시(白山市)에서 197센티미터, 와지마시(輪島市)에서 128센티미터를 기록하고 있습니다. 특히 산 쪽에서는 모레 오전까지 짧은 시간에 많은 눈이 계속 내릴 우려가 있기 때문에, 특별한 경계가 필요합니다.

또한, 연일 계속되고 있는 대설의 영향으로 교통 마비나 사고도 이어지고 있습니다. 호쿠리쿠(北陸) 자동차길의 '가나자와히가시인터체인지(金沢東IC)'—'고마쓰인터체인지(小松IC)' 사이에서는 어젯밤부터 오늘 아침에 걸쳐, 장시간에 걸쳐 통행금지가 계속되어 최대 1700대의 차가 선 채로 오도 가도 못하고 있습니다. 차량의 원활한 통행 재개가 되기까지는 지금 현재로서는 오늘 밤 10시 이후가 될 것으로 예상을 하고 있습니다. 또한, 간선도로에서는 차가 미끄러져 추돌, 전복되는 사고도 계속되고 있습니다. 게다가 JR서일본(西日本)의 가나자와(金沢) 지사에 의하면, JR의 특급열차·사철(私鉄)·보통열차의 상하선 모두 첫 출발 열차부터 하루 종일 운행을 하지 않고 있습니다. 또한, 항공편도 고마쓰공항에 발착(發着)하는 모든 비행기가 결항이 되고 있습니다. 더하여, 시내버스도 태반 이상이 운행 중지가 되어 있습니다. 도시 전체의 교통 기능이 거의 마비 상태가 되어 있습니다. 또한, 현내의 초중학교도 모두 휴교가 되어 있습니다.

모레 오전 이후가 되면 눈은 소강상태가 됩니다만, 새로운 주가 시작될 때는 다시 대설이 내릴 우려가 있으니까 엄중한 경계가 필요합니다.

본문

14 日韓をつなぐ「信（よしみ）」の交流 —平和の使者、朝鮮通信使に学ぶ—

ネットニュース

埼玉県川越市。東京の北に位置し、江戸時代には城下町として栄え「小江戸」とも呼ばれている。そのメインストリートである蔵造り通りで、11月のある日曜日。

「ドン！　ドドン！」「シャーン！　シャンシャン！」

心地良い太鼓の響きとともに、まず大きな旗を持った人が進み、次に御輿が数基、その後から韓服を着た大勢の人々が次々と通り過ぎていく。踊りながら行進する子どもたちもいて、沿道からは大歓声が響く。毎年開催されている「川越唐人揃いパレード」の一場面だ。これは、江戸時代に川越の町人たちが川越氷川神社の祭りで実際に行っていた朝鮮通信使（室町時代にも朝鮮通信使の日本派遣はあったが、ここでは江戸時代の朝鮮通信使に限っていう）の仮装行列を再現したものである。川越では2005年からこの行列を復活させ、毎年数万人の観覧客が訪れるという。川越だけではない。毎年釜山で、また対馬や下関、静岡など日本の各地で、朝鮮通信使の行列を再現した催しが盛大に行われている。

朝鮮通信使は、豊臣秀吉の朝鮮侵略戦争である文禄・慶長の役（壬辰倭乱、1592~1598)の後、政権を握った徳川家康が朝鮮に要請して始まった使節団である。文禄・慶長の役により朝鮮は甚大な被害を被った。多くの命が犠牲になり、国土は荒廃した。誰もが日本に対する怒りと憎しみにあふれていたその時に、家康は朝鮮との国交回復を望んだのである。朝鮮ははじめ強く拒否したが、「東アジアの平和なくしては日本の平和はない」と考える家康のことばに嘘はないと判断し、捕虜の返還と謝罪を条件に1607年、徳川将軍への使節を派遣した。その時から朝鮮通信使による日朝の交流が始まり、計12回、約200年に渡り朝鮮から毎回数百人に及ぶ使節団が来日した。朝鮮通信使は漢陽(ソウル)から釜山、そして対馬～下関～下蒲刈～大阪～京都～名古屋～静岡～箱根～江戸(東京)へと、海の道と陸の道を渡り歩いた。その間、学問・芸術を通じて豊かな交流が各地で行われ、沿道には通信使を一目見ようとする人々が押し寄せ、宿舎にも文人たちが交流を求めて集まったという。「通信」とは「信（よしみ）を通わす」という意味であり、大切なのは敵対することではなく善隣友好の精神だということを通信使は身をもって示したのである。200年も

번역 연습

の間、隣国との友好な交流が続いた例は世界的にも稀だと言われている。
　現代も争いや衝突は世界のあちこちで起こっており、日韓関係もまた多くの問題を抱えているが、朝鮮通信使はこれを乗り越えて解決する方法を示してくれているようである。冒頭の川越唐人揃いパレードは、先人たちから学ぼうと努力している人々の試みである。2017年には朝鮮通信使がユネスコの世界記憶遺産に登録されているが、これは、通信使の交流が対立を乗り越え平和を築く方法を示しているからであろう。
　唐人揃い実行委員長の江藤(えとう)さんは言う。
「当時の様子が描かれた絵巻を見ると、町人たちが本当に楽しんでいる姿が溢れています。民族や、国家や、地域や、文化の違いを超えて、誰もが一緒に心豊かに、笑顔いっぱいで楽しむこと。そこから平和が生まれると確信します。」

번역 연습

よしみ
信 서로 신뢰하며 좋은 친분을 가지는 것. 친함. 친분

ちょうせんつうしんし
朝鮮通信使 조선통신사

ししゃ
使者 사자

じょうかまち
城下町 조카마치. 영주가 거주하는 성을 중심으로 발달한 도시

さか
栄える 번영하다. 번창하다

えどじだい
江戸時代 에도시대. 도쿠가와(徳川) 가문(将軍家)이 일본을 통치하던 시대. 1603~1867년

くらづく どお
蔵造り通り 구라즈쿠리도오리. 가와고에시(川越市)의 거리이름

ドン 둥둥. 북소리, 대포소리, 총소리, 물건을 두드리는 소리 등을 나타내는 말

シャンシャン 여기서는 징이나 꽹과리 등을 울리는 소리

ここちよ
心地良い 기분이 상쾌하다(좋다). 속이 시원하다

たいこ
太鼓 북

ひび
響き 울림(「響く」(울리다)의 명사형)

はた
旗 깃발. 기

すす
進む 나아가다

みこし
御輿 제례나 축제 때 신위(神位)를 모시고 메는 가마

すうき
数基 여기서는 가마 몇 기라는 의미

つぎつぎ
次々 차례차례. 계속함

とお す
通り過ぎる 지나가다

こうしん
行進 행진

えんどう
沿道 길가

だいかんせい
大歓声 대환(호)성

かいさい
開催 개최

かわごえとうじんぞろ
川越唐人揃いパレード 가와고에토진조로이퍼레이드. 에도시대에 가와고에(川越)를 지나갔던 조선통신사 행렬을 오늘날에 재현한 퍼레이드 겸 축제

ちょうにん
町人 조닌. 에도시대에 도시에 살던 상공업자의 총칭

むろまちじだい
室町時代 무로마치시대. 아시카가 다카우지(足利尊氏)가 정권을 잡은 시기. 1336~1573년

かぎ
限る 경계나 범위를 짓다. 제한하다

かわごえひかわじんじゃ
川越氷川神社 가와고에히카와신사. 가와고에시(川越市)에 있는 신사

じっさい
実際 실제

かそうぎょうれつ
仮装行列 가장행렬

さいげん
再現 재현

ふっかつ
復活 부활

かんらんきゃく
観覧客 관람객

おとず
訪れる 찾다. 방문하다

もよお
催し 주최. 회합. 모임. 행사

せいだい
盛大 성대

しんりゃく
侵略 침략

イムジンウェラン ぶんろく けいちょう えき
壬辰倭乱(文禄・慶長の役/1592~1598년) 임진왜란

ぶんろく けいちょう えき
文禄・慶長の役 분로쿠 · 게이초노 에키. 임진왜란을 말함

せいけん
政権 정권

にぎ
握る 잡다

とくがわいえやす
徳川家康 도쿠가와 이에야스. 1542~1616년. 에도막부(江戸幕府)를 연 사람

ようせい
要請 요청

しせつだん
使節団 사절단

こうはい
荒廃 황폐

いのち
命 목숨

ぎせい
犠牲 희생

じんだい
甚大 심대

ひがい
被害 피해

こうむ
被る 입다. 받다

いか
怒り 분노. 노여움. 「怒る」(화내다. 노하다)의 명사형

にく
憎しみ 미움. 증오

あふ
溢れる 넘치다

새로운 단어

国交回復（こっこうかいふく） 국교회복

望（のぞ）む 바라다. 원하다

拒否（きょひ） 거부

嘘（うそ） 거짓말

判断（はんだん） 판단

捕虜（ほりょ） 포로

返還（へんかん） 반환

謝罪（しゃざい） 사죄

派遣（はけん） 파견

及（およ）ぶ 달하다. 이르다. 미치다

来日（らいにち） 일본을 방문함. 일본에 옴

陸（りく） 뭍. 육지

渡（わた）り歩（ある）く 여기저기 돌아다니다. 전전하다

豊（ゆた）か 풍부함. 풍족함. 넉넉함

一目見（ひとめみ）る 한 번 보다. 넓은 범위의 경치를 한눈에 보다

押（お）し寄（よ）せる 몰려들다

宿舎（しゅくしゃ） 숙사. 숙소

文人（ぶんじん） 문인

求（もと）める 구하다. 바라다. 청하다

敵対（てきたい） 적대

善隣友好（ぜんりんゆうこう） 선린우호

身（み）をもって 몸으로. 몸소. 직접

示（しめ）す 가리키다. 나타내다

隣国（りんごく） 이웃나라

例（れい） 예

稀（まれ） 드묾. 희소함. 좀처럼 없음

争（あらそ）い 다툼. 분쟁

衝突（しょうとつ） 충돌

抱（かか）える (껴)안다. (돌본 일을)떠안다. 책임지다

乗（の）り越（こ）える 뛰어넘다. 극복하다

解決（かいけつ） 해결

冒頭（ぼうとう） 서두. 첫머리

努力（どりょく） 노력

試（こころ）み 시도

遺産（いさん） 유산

登録（とうろく） 등록

対立（たいりつ） 대립

実行委員長（じっこういいんちょう） 실행위원장

様子（ようす） 모양. 낌새. 기미

絵巻（えまき） 그림 두루마리

溢（あふ）れる (물 등이 가득 차서) 넘치다

笑顔（えがお） 웃는 얼굴

確信（かくしん） 확신

본문 읽기 및 모범 번역

14. 日韓をつなぐ「信（よしみ）」の交流
—平和の使者、朝鮮通信使に学ぶ—

ネットニュース

埼玉県川越市。東京の北に位置し、江戸時代には城下町として栄え「小江戸」とも呼ばれている。そのメインストリートである蔵造り通りで、11月のある日曜日。

「ドン！　ドドン！」「シャーン！　シャンシャン！」

心地良い太鼓の響きとともに、まず大きな旗を持った人が進み、次に御輿が数基、その後から韓服を着た大勢の人々が次々と通り過ぎていく。踊りながら行進する子どもたちもいて、沿道からは大歓声が響く。毎年開催されている「川越唐人揃いパレード」の一場面だ。これは、江戸時代に川越の町人たちが川越氷川神社の祭りで実際に行っていた朝鮮通信使（室町時代にも朝鮮通信使の日本派遣はあったが、ここでは江戸時代の朝鮮通信使に限っていう）の仮装行列を再現したものである。川越では2005年からこの行列を復活させ、毎年数万人の観覧客が訪れるという。川越だけではない。毎年釜山で、また対馬や下関、静岡など日本の各地で、朝鮮通信使の行列を再現した催しが盛大に行われている。

朝鮮通信使は、豊臣秀吉の朝鮮侵略戦争である文禄・慶長の役（壬辰倭乱、1592～1598)の後、政権を握った徳川家康が朝鮮に要請して始まった使節団である。文禄・慶長の役により朝鮮は甚大な被害を被った。多くの命が犠牲になり、国土は荒廃した。誰もが日本に対する怒りと憎しみにあふれていたその時に、家康は朝鮮との国交回復を望んだのである。朝鮮ははじめ強く拒否したが、「東アジアの平和なくしては日本の平和はない」と考える家康のことばに嘘はないと判断し、捕虜の返還と謝罪を条件に1607年、徳川将軍への使節を派遣した。その時から朝鮮通信使による日朝の交流が始まり、計12回、約200年に渡り朝鮮から毎回数百人に及ぶ使節団が来日した。朝鮮通信使は漢陽(ソウル)から釜山、そして対馬～下関～下蒲刈～大阪～京都～名古屋～静岡～箱根～江戸(東京)へと、海の道と陸の道を渡り歩いた。その間、学問・芸術を通じて豊かな交流が各地で行われ、沿道には通信使を一目見ようとする人々が押し寄せ、宿舎にも文人たちが交流を求めて集まったという。「通信」とは「信を通わす」という意味であり、大切なのは敵対することではなく善隣友好の精神だということを通信使は身をもって示したのである。200年もの間、隣国との友好な交流が続いた例は世界的にも稀だと言われている。

現代も争いや衝突は世界のあちこちで起こっており、日韓関係もまた多くの問題を抱えているが、朝鮮通信使はこれを乗り越えて解決する方法を示してくれているようである。冒頭の「川越唐人揃いパレード」は、先人たちから学ぼうと努力している人々の試みである。2017年には朝鮮通信使がユネスコの世界記憶遺産に登録されているが、これは、通信使の交流が対立を乗り越え平和を築く方法を示しているからであろう。

唐人揃い実行委員長の江藤さんは言う。

「当時の様子が描かれた絵巻を見ると、町人たちが本当に楽しんでいる姿が溢れています。民族や、国家や、地域や、文化の違いを超えて、誰もが一緒に心豊かに、笑顔いっぱいで楽しむこと。そこから平和が生まれると確信します。」

14. 한일을 잇는 '믿음(친분)'의 교류
―평화의 사자(使者), 조선통신사에게 배운다―

인터넷 뉴스

사이타마현(埼玉県) 가와고에시(川越市). 도쿄의 북쪽에 위치하며, 에도시대(江戸時代)에는 조카마치(城下町)로 번성하여 '작은 에도(小江戸, 에도는 도쿄의 옛이름)'라고도 불렸다. 그 메인 거리인 구라즈쿠리거리(蔵造り通り)에서 11월의 어느 일요일.

"둥! 두둥! 징! 징징!"

기분 좋은 북소리의 울림과 함께, 우선 커다란 깃발을 든 사람이 나아가고, 다음으로 (모시고 메는) 가마가 몇 기(数基), 그 뒤로 한복을 입은 많은 사람들이 차례로 지나간다. 춤을 추면서 행진하는 아이들도 있고, 길가에서는 커다란 환호성이 울린다. 매년 개최되고 있는 '가와고에토진조로이퍼레이드(川越唐人揃いパレード)'의 한 장면이다. 이것은 에도시대에 가와고에의 조닌(町人, 도시에 사는 상공업인)들이 가와고에히카와신사(川越氷川神社)의 마쓰리에서 실제로 행했던 조선통신사(무로마치시대(室町時代)에도 조선통신사의 일본 파견은 있었지만, 여기에서는 에도시대의 조선통신사로 한정해서 말한다)의 가장행렬을 재현한 것이다. 가와고에에서는 2005년부터 이 행렬을 부활시켜, 길가에는 매년 수만 명의 관람객이 찾는다고 한다. 가와고에뿐만이 아니다. 매년 부산에서, 또 쓰시마(対馬)나 시모노세키(下関), 시즈오카(静岡) 등 일본 각지에서 조선통신사 행렬을 재현한 행사가 성대하게 행해지고 있다.

조선통신사는 도요토미 히데요시(豊臣秀吉)의 조선 침략 전쟁인 임진왜란(文禄・慶長の役/1592~1598)이후에 정권을 잡은 도쿠가와 이에야스(徳川家康)가 조선에 요청해서 시작된 사절단이다. 임진왜란으로 인해 조선은 막대한 피해를 입었다. 많은 목숨이 희생되었고, 국토는 황폐해졌다. 모두가 일본에 대한 노여움과 미움으로 넘쳐나고 있던 그때 이에야스는 조선과의 국교회복을 희망했던 것이다. 조선은 처음에는 강하게 거부했지만, '동아시아의 평화 없이는 일본의 평화는 없다'고 생각하는 이에야스의 말에 거짓은 없다고 판단하여,

포로의 반환과 사죄를 조건으로 1607년, 도쿠가와 쇼군에게 사절을 파견했다. 그때부터 조선통신사에 의한 한일의 교류가 시작되었고, 모두 12회, 약 200년에 걸쳐 조선에서 매회 수백 명에 달하는 사절단이 일본에 왔던 것이다. 조선통신사는 한양(서울)에서 부산, 그리고 쓰시마(対馬) ~시모노세키(下関) ~시모카마가리(下蒲刈) ~오사카(大阪) ~교토(京都) ~나고야(名古屋) ~시즈오카(静岡) ~하코네(箱根) ~에도(江戸, 도쿄)로 이어지는, 바닷길과 육지의 길을 건너고 걸었다. 그 동안, 학문·예술을 통한 풍부한 교류가 각지에서 행해졌으며, 길가에는 통신사를 한 번만이라도 보려는 사람들이 몰려들었고, 숙소에도 문인들이 교류를 청하며 모였다고 한다. '통신'이란 '믿음(친분)을 통하게 하다'는 뜻이며, 중요한 것은 적대(敵対)하는 것이 아니라, 선린우호(善隣友好)의 정신이라는 것을 통신사는 몸소 보여주었던 것이다. 200년이나 되는 동안에, 이웃나라와의 우호 교류가 이처럼 계속된 예는 세계적으로도 드물다고들 한다.

현대에도 다툼이나 충돌은 세계 여기저기에서 일어나고 있으며, 한일관계도 또한 많은 문제를 안고 있지만, 조선통신사는 이것을 극복하고 해결할 방법을 잘 제시해주고 있는 것 같다. 앞의 '가와고에토진조로이퍼레이드'는 선인들에게서 배우고자 노력하고 있는 사람들의 시도이다. 2017년에는 조선통신사가 유네스코의 세계 기억 유산으로 등록되었지만, 이것은 통신사의 교류가 대립을 극복하고 평화를 구축하는 방법을 제시하고 있기 때문일 것이다.

가와고에토진조로이 실행위원장인 에토(江藤) 씨는 말한다.

"당시의 모습이 묘사된 에마키(그림 두루마리, 絵巻)를 보면, 조닌들이 정말로 즐기고 있는 모습이 넘쳐나고 있습니다. 민족이나 국가나 지역이나 문화의 차이를 넘어, 누구나 다함께 넉넉한 마음으로, 활짝 웃으며 즐기는 것. 거기에서 평화가 생겨난다고 확신합니다."

MEMO

본문

15 薩摩焼

雑誌記事

有田焼・萩焼などと共に日本の陶芸界を代表する薩摩焼の宗家14代当主、沈寿官（ちん・じゅかん）氏が、6月16日午後３時20分、鹿児島市内の病院で肺炎のため92歳で死去した。

沈氏は、早稲田大学の政治経済学部を卒業したあと、代議士秘書を務めるなど、一時、政界に足を踏み入れたこともあるが、400年も継承してきた家業を継ぐために、1964年、13代当主沈寿官が永眠するに伴って、その名を襲名し、窯元の主人となった。「沈寿官」という名は、本来12代目の名前だったが、それをその後の当主たちが代々襲名し名乗るようになる。そして、父の死によって宗家を受け継ぐことになった沈氏は、焼き物の制作活動に尽力し、薩摩焼のさらなる発展に大きく貢献した。その業績は数え切れないほど多くあるが、中でも、特に生涯を通して日韓の文化交流に貢献したことが韓国政府から認められ、1989年に大韓民国名誉総領事に就任したほか、1999年に文化芸術分野の発展に大きく貢献した人に与えられる銀冠文化勲章をも贈呈されたことは注目に値する。また、朝鮮の文化に親しみを感じていた小説家・司馬遼太郎氏とも親交が厚く、彼の小説『故郷忘じがたく候』（1969年）の主人公になった人物としても有名だ。

14代の後継ぎは、1999年に長男の一輝が「沈寿官」を襲名し、現在15代当主を務めている。15代沈寿官は、父が亡くなった後、産経新聞（6月24日付）に「父・十四代沈寿官を悼む『社会をよくしたい』信念貫く唯一無二の人」という追悼文を寄せているが、その中で氏は、父親は「人間としての器がとても大きな人だった」とし、「陶芸作家としては、日展や日本工芸会に所属せず、その意味では世に出るために陶歴を飾ろうなどと思う人ではなかった。400年続いた家業を絶やすまいと先代の厳命を守って十四代沈寿官となった人。だからこそ、唯一無二の人だといってもいい」と語る。さらに同記事では、「父のことで、一番記憶に残っているのは、何かの拍子に『きみはどうすれば一人前になれると思う？』と聞かれたことであり、その質問に対して、『働いて給料を取り、家族を食べさせ、守り抜く』と答えると、父は『それは誰でもやることだ。ひとりでいたって寂しくない、自分の信念をひとりぼっちになっても貫きとおす。それが一人前ということだ』といった」と伝える。

薩摩焼の沈家は、もともと豊臣秀吉の朝鮮侵略（慶長の役）の時、薩摩藩主・島津義弘

번역 연습

によって南原城から拉致され、強制連行された沈当吉から始まる。薩摩藩は現在の鹿児島県に当たる。『宣祖実録』（宣祖30年(1597)8月18日付）には、南原城は8月12日から日本軍の総当たり攻撃を昼夜に受け、惜しくも、当月16日の夜、敵の手に落ちた。朝・明連合軍の中で明軍10人ぐらいしか生き残らず全滅した、と記されている。朝鮮側の記録では、この合戦で朝鮮軍1000人・明軍3000人が戦場の露となったというのである。これに基づけば、沈当吉が日本軍に捕らわれたのは、おそらくこの時期のことと推察される。島津義弘は、朝・明連合軍に大きな被害を与えた「泗川の戦い」や、李舜臣が率いる朝鮮水軍との「露梁海戦」で戦った人物でもある。以後、秀吉の病死によって、島津は、陶工沈当吉などを含めて、約80人の朝鮮人捕虜を連行して、薩摩藩へ帰国することとなる。

実は、各藩の将軍たちは、朝鮮に出向く前に、焼き物・儒学・医学などに造詣がある朝鮮人を拉致して帰るようにと豊臣秀吉から命令を受けていた。特に焼き物は、当時、日本ではやっていた「茶の湯」とも深い関わりを持つもので、秀吉から拝領した茶碗は、お城一つに匹敵するほどの価値がある、と言われるほどだった。それで、拉致して連れてきたら藩の財政に大きく貢献することが間違いない朝鮮の陶工たちは、日本軍の目には「宝の山」ともいうべき存在であった。それゆえ、島津だけでなく、諸藩の将軍たちは争って、朝鮮の陶工たちを拉致し連行してきたのだ。世界にその名をほしいままにしている佐賀県の有田焼（李参平）や、山口県の萩焼（李勺光）なども、そうした残酷な過去によって窯を開いた痛々しい記憶がある。それがこの戦争を「焼き物戦争」と名付けるゆえんでもある。

島津が強制連行した陶工たちは、日本へ来るとき、藩内の幾つかの地に分けられて上陸することとなるが、中でも、40余名という、最も多い人が上陸した地は串木野市島平である。40余名のうち、安氏・張氏は、のちに琉球へ焼き物指南に送られることとなる。現在、島平には「慶長三年冬/遙かに風涛を越え/吾等が開祖この地に上陸す/薩摩焼宗家十四代　沈寿官書」と彫られた石碑が建てられている。連行された陶工たちは、最初は薩摩藩の支援や待遇もなく、獣同様の苦しい生活を強いられたが、結局、陶磁器を作るのに最適な土と釉薬を美山で見つけ出し、焼き物生産に励んだ結果、藩から士族同等の待遇を受けることとなる。もちろん、焼き物をもって薩摩藩の財政を潤したのは言うまでもない。のち幕末の薩長同盟の糧にも一助する。

はるか彼方にある故郷・朝鮮に向けての望郷の念・帰郷の思いを胸に秘めて、朝鮮の風景に似ている美山に定着し、江戸後期まで、朝鮮の言葉・衣服・習俗を守りながら生活をしていた人々。そして、今もそこには、その朝鮮の血を引き継いだ日本人の後裔たちが焼き物の伝統を脈々と守り続けている。

번역 연습

薩摩焼(さつまやき) 사쓰마도자기. 임진왜란 · 정유재란 때 사쓰마 번주(薩摩藩主) 시마즈 요시히로(島津義弘)에 의해 현재의 가고시마현(鹿児島県)으로 강제 연행된 조선인 도공들로부터 시작된 일본의 대표적인 도자기 중의 하나. 남원성에서 끌려간 심당길(沈當吉)에서 시작됨. 현재 제15대 심수관이 종가로 있는 사쓰마야키는 가고시마현(鹿児島県)의 미야마(美山)에 있다.

有田焼(ありたやき) 아리타도자기. 정유재란 때 사가번(佐賀藩)의 번조(藩祖)인 나베시마 나오시게(鍋島直茂)에 의해서 현재의 사가현(佐賀県)으로 강제 연행된 조선인 도공들로부터 시작된 일본을 대표하는 도자기 중의 하나. 근세초기부터 이마리(伊万里)항구에서 중동이나 유럽 등으로 많이 수출이 되었기 때문에 이마리야키(伊万里焼)라고도 불림. 공주 부근에서 연행되었다고 전해지는 이삼평(李参平)이 도조(陶祖)로 추앙받고 있다.

萩焼(はぎやき) 하기도자기. 정유재란 때 도요토미 히데요시(豊臣秀吉)의 5대 다이묘(大名)였던 조슈번(長州藩)의 모리 데루모토(毛利輝元)에 의해 진주에서 강제 연행된 이작광(李勺光)과 그의 동생 이경(李敬)에 의해서 시작된 일본의 대표적인 도자기 중 하나이다. 야마구치현(山口県)의 하기시(萩市)를 기반으로 함.

陶芸界(とうげいかい) 도자기 예술계

代表(だいひょう) 대표

宗家(そうけ) 종가

～代(だい) ~대

当主(とうしゅ) 현재의 책임자 또는 주인

沈寿官(ちんじゅかん) 심수관. 사쓰마야키(薩摩焼) 종가의 당주

鹿児島(かごしま) 가고시마현(鹿児島県) 또는 가고시마시(鹿児島市)

市内(しない) 시내

肺炎(はいえん) 폐렴

死去(しきょ) 서거. 죽음. 돌아가심

早稲田大学(わせだだいがく) 와세다대학교(일본 도쿄의 도심에 있는 사립 종합대학교)

政治経済学部(せいじけいざいがくぶ) 정치경제학부

卒業(そつぎょう) 졸업

代議士秘書(だいぎしひしょ) 슈기인의원(衆議院議員)의 비서. 슈기인의원은 국회의원에 해당함

務(つと)める 어떤 임무나 역할을 받아서 그 일을 하는 것

一時(いちじ) 일시. 한때

政治界(せいじかい) 정치계

足(あし)を踏(ふ)み入(い)れる 발을 들여놓다

継承(けいしょう) 계승

家業(かぎょう) 가업

受(う)け継(つ)ぐ 이어받다. 물려받다

永眠(えいみん) 영면. 돌아가심

～(に)伴(ともな)う ~(를) 동반하다. ~(를) 함께하다

襲名(しゅうめい) 습명. 부모나 스승의 이름을 물려받아서 자신의 이름으로 사용하는 것

窯元(かまもと) 도자기를 가마에서 구워서 만들어 내는 곳. 또는 그 도자기를 만드는 사람

主人(しゅじん) 주인

本来(ほんらい) 본래

代々(だいだい) 대대로

名乗(なの)る 자신의 이름으로 칭하다

死(し) 죽음

焼(や)き物(もの) 도자기

制作活動(せいさくかつどう) 제작활동

尽力(じんりょく) 진력. 있는 힘을 다함

さらなる(更なる) 한층 더. 더욱 더

発展(はってん) 발전

貢献(こうけん) 공헌

業績(ぎょうせき) 업적

数(かぞ)え切(き)れない 다 헤아릴 수 없다

生涯(しょうがい)を通(とお)す 일생동안 하다. 평생토록 하다

새로운 단어

日韓(にっかん) 일본과 한국
文化交流(ぶんかこうりゅう) 문화교류
韓国政府(かんこくせいふ) 한국정부
認(みと)める 인정하다. 증명하다
大韓民国名誉総領事(だいかんみんこくめいよそうりょうじ) 대한민국 명예총영사
就任(しゅうにん) 취임
文化芸術分野(ぶんかげいじゅつぶんや) 문화예술분야
発展(はってん) 발전
与(あた)える 주다. 수여하다
銀冠文化勲章(ぎんかんぶんかくんしょう) 은관문화훈장. 대한민국정부가 자국의 문화예술분야발전에 크게 공헌한 사람에게 수여하는 훈장
贈呈(ぞうてい) 증정
注目(ちゅうもく)に値(あたい)する 주목할 가치가 있다. 주목할 만하다
朝鮮(ちょうせん) 조선
文化(ぶんか) 문화
親(した)しみを感(かん)じる 친근감을 가지다. 친근함을 느끼다
小説家(しょうせつか) 소설가
司馬遼太郎(しばりょうたろう) 시바 료타로(1923~1996년). 일본의 소설가이자 논픽션작가. 평론가. 대표적인 소설로는『竜馬(りょうま)がゆく(료마가 간다)』 등이 있다.
親交(しんこう)が厚(あつ)い 친교가 두텁다. 친교가 있다
『故郷忘(こきょうぼう)じがたく候(そうろう)(고향을 어찌 잊을 수 있게 사옵니까)』 사쓰마야키의 심수관을 주인공으로 한 시바 료타로의 소설. 1968년 작
主人公(しゅじんこう) 주인공
人物(じんぶつ) 인물
後継(あとつ)ぎ 후계자. 물려받은 사람
長男(ちょうなん) 장남
一輝(かずてる) 가즈테루. 현 사쓰마야키 종가의 15대 당주
産経新聞(さんけいしんぶん) 산케이신문
悼(いた)む 사람의 죽음을 애도하고 마음 아파하는 것. 추도하다
社会(しゃかい) 사회
信念(しんねん) 신념
貫(つらぬ)く 관철하다
唯一無二(ゆいいつむに) 유일무이
追悼文(ついとうぶん) 추도문
寄(よ)せる 기고하다
父親(ちちおや) 아버지
人間(にんげん) 인간
器(うつわ) 그릇. 마음씨
陶芸作家(とうげいさっか) 도예작가
日展(にってん) 일본을 대표하는 일본화 · 서양화 · 조각 · 미술공예 · 서예로 구성된 종합미술공모전
日本工芸会(にほんこうげいかい) 일본공예회
所属(しょぞく) 소속
意味(いみ) 의미
世(よ)に出(で)る 세상에 나아가다. 출세하다
陶歴(とうれき) 도예와 관련된 이력이나 경력
飾(かざ)る 장식하다
家業(かぎょう) 가업
絶(た)やす 끊기다. 끊어지다
～まい 여러가지 의미가 있지만 대표적으로 ① 부정추량을 나타냄. 「～ないだろう(~하지는 않겠지)」의 의미. 「この雨(あめ)だったら遠足(えんそく)に行(い)く人(ひと)もあるまい(이런 비라면 소풍가는 사람도 없겠지)」. ② 부정의지를 나타냄. 「～するのはよそう(~하는 것은 그만두자)」, 「～するのはやめよう(~하는 것은 그만두자)」. 「あんな店(みせ)は二度(にど)と行(い)くまい(저런 가게는 두 번 다시 가지 않겠다)」. 1류동사에서는 원형(종지형), 그 이외의 동사에서는 ない형에 붙는 조동사임. 접속은 「話すまい(1류동사)」, 「見まい(2류동사)」, 「食べまい(2류동사)」, 「来(こ)まい(3류동사)」, 「しまい(3류동사)」, 그리고 조동사와 「ます형」에는 「知らせまい」, 「食べさせまい」, 「聞かれまい」, 「見られまい」, 「思いますまい」

先代(せんだい) 선대

厳命(げんめい) 엄한 명령. 엄명

守(まも)る 지키다

語(かた)る 이야기하다

同記事(どうきじ) 같은 기사

記憶(きおく) 기억

残(のこ)る 남다

拍子(ひょうし) 박자. 어떤 일이 행해졌을 때 바로 그 순간에

一人前(いちにんまえ) 남의 도움없이 혼자서 자신의 일을 영위해 나갈 수 있는 사람

質問(しつもん) 질문

～に対(たい)して ~에 대해서. ~대하여

給料(きゅうりょう) 급료. 월급

家族(かぞく) 가족

守(まも)り抜(ぬ)く 끝까지 지키다

寂(さび)しい 쓸쓸하다. 외롭다

自分(じぶん) 자기자신

信念(しんねん) 신념

ひとりぼっち(独りぼっち) 외톨이

貫(つらぬ)き通(とお)す 끝까지 관철하다

伝(つた)える 전하다

本来(ほんらい) 본래. 원래

豊臣秀吉(とよとみひでよし) 도요토미 히데요시

朝鮮侵略(ちょうせんしんりゃく) 조선침략

慶長(けいちょう)の役(えき) 게이초노 에키. 정유재란

薩摩藩主島津義弘(さつまはんしゅしまづよしひろ) 사쓰마번주 시마즈 요시히로

拉致(らち) 납치

強制連行(きょうせいれんこう) 강제연행

沈当吉(シムダンギル) 심당길

鹿児島県(かごしまけん) 가고시마현

～に当(あ)たる ~에 해당하다

宣祖実録(ソンゾシルロク) 선조실록

日本軍(にほんぐん) 일본군

総当(そうあ)たり攻撃(こうげき) 총공격

昼夜(ちゅうや) 주야

惜(お)しい 애석하다. 안타깝다

当月(とうげつ) 당월. 해당하는 달

敵(てき) 적

手(て)に落(お)ちる 손에 떨어지다. 손에 넘어가다

朝(ちょう)・明連合軍(みんれんごうぐん) 조선 · 명나라 연합군

生(い)き残(のこ)る 살아남다

全滅(ぜんめつ) 전멸

記(しる)す 기록하다. 적다

～に基(もと)づく ~에 기초하다. ~에 근간하다

捕(と)らわれる 사로잡히다. 포로가 되다

時期(じき) 시기

推察(すいさつ)される 미루어 짐작되다

被害(ひがい)を与(あた)える 피해를 주다

泗川(サチョン)の戦(たたか)い 사천전투

李舜臣(イシュンシン) 이순신

率(ひき)いる 이끌다

朝鮮水軍(ちょうせんすいぐん) 조선수군

露梁海戦(ノリャンかいせん) 노량해전

戦(たたか)う 싸우다

以後(いご) 이후

病死(びょうし) 병사. 병으로 죽음

陶工(とうこう) 도공

含(ふく)める 포함시키다. 포함하다

約(やく) 약. 대강

朝鮮人捕虜(ちょうせんじんほりょ) 조선인 포로

薩摩藩(さつまはん) 사쓰마번

帰国(きこく) 귀국

実(じつ)は 실은

各藩(かくはん) 각 번(藩)

새로운 단어

しょうぐん
将軍 장군

でむ
～に出向く ~로 향하다. ~로 나아가다

じゅがく
儒学 유학

いがく
医学 의학

ぞうけい
造詣 조예

めいれい　う
命令を受ける 명령을 받다

とく
特に 특히

とうじ
当時 당시

はやる 유행하다

ちゃ　ゆ
茶の湯 다도

ふか　かか
深い関わり 깊은 관계

はいりょう
拝領 윗사람에게 물건을 하사 받는 것

ちゃわん
茶碗 다완. 찻그릇

しろ
お城 성

ひってき
匹敵 필적

かち
価値 가치

つ
連れてくる 데려오다

ざいせい
財政 재정

き
～に決まっている ~하는 게 뻔하다. ~하는 게 정해져 있다

とうこう
陶工 도공

たから　やま
宝の山 큰 이익을 얻을 수 있는 대상이나 기회. 보물이 많이 있는 산. 보물산

べき 당연, 의무, 명령, 가능의 의미를 나타내는 조동사 「べし」의 연체형. 즉 뒤에 오는 명사를 수식하는 형이다

そんざい
存在 존재

それゆえ 그 때문에

しょはん
諸藩 여러 번(藩)

あらそ
争う 경쟁하다. 다투다. 전투하다

せかい
世界 세계

な
名をほしいままにする 이름을 떨치다. 유명하다

ざんこく
残酷だ 잔혹하다

かこ
過去 과거

かま　ひら
窯を開く 가마를 열다

いたいた
痛々しい 아프다

きおく
記憶 기억

せんそう
戦争 전쟁

やきものせんそう
焼物戦争 도자기전쟁

なづ
名付ける 이름 붙이다

ゆえん(所以) 까닭

はんない
藩内 번 내

ち
地 땅. 지역

わ
～に分けられる ~로 나누어지다. ~로 분류되다

じょうりく
上陸 상륙

よめい
余名 여명

もっと
最も 가장

くしきのししまびら
串木野市島平 구시키노시 시마비라. 가고시마현(鹿児島県)의 이치키쿠시키노시(いちき串木野市)에 있는 지명

りゅうきゅう
琉球 류큐왕국. 현재의 오키나와(沖縄)

しなん
指南 지도

けいちょうさんねん
慶長三年 게이초 3년(1598)

はる
遙かだ 아득하다. 멀다

ふうとう
風涛 풍도. 바람과 파도

こ
越える 넘다. 초월하다

かいそ
開祖 개조

じょうりく
上陸 상륙

ほ
彫る 파다. 조각하다

せきひ
石碑 비석

た
建てる 세우다

しえん
支援 지원

たいぐう
待遇 대우

けもの
獣 짐승

どうよう
同様 마찬가지. 같음

苦(くる)しい 괴롭다

生活(せいかつ) 생활

強(し)いる 강요하다

結局(けっきょく) 결국

美山(みやま) 미야마. 가고시마현(鹿児島県)에 있는 지명. 사쓰마야키의 종가가 있다

陶磁器(とうじき) 도자기

最適(さいてき)だ 최적이다

土(つち) 흙

釉薬(ゆうやく) 유약

見(み)つけ出(だ)す 발견해내다. 찾아내다

生産(せいさん) 생산

励(はげ)む 힘쓰다

士族(しぞく) 사무라이. 무사 계급

同等(どうとう) 동등함. 같음

潤(うるお)す 윤택하게 하다. 풍요롭게 하다

幕末(ばくまつ) 에도막부말기. 19세기 중엽

薩長同盟(さっちょうどうめい) 삿초 동맹. 1866년 교토(京都)에서 체결된 사쓰마번(薩摩藩)과 조슈번(長州藩)의 정치적 군사적 동맹. 도쿠가와(徳川)막부를 몰아내는 원동력이 되었다

糧(かて) 생활이나 경제적으로 풍요롭고 힘을 더해주는 것. 식량. 힘의 원천이 되는 것

一助(いちじょ) 일조

彼方(かなた) 저 편. 저 멀리

故郷(こきょう) 고향

向(む)ける 향하다

望郷(ぼうきょう)の念(ねん) 망향의 마음. 망향의 그리움

帰郷(ききょう)の思(おも)い 귀향하고 싶은 마음

胸(むね)に秘(ひ)める 가슴에 숨기다. 가슴속에 담다

風景(ふうけい) 풍경

定着(ていちゃく) 정착

江戸後期(えどこうき) 에도후기

言葉(ことば) 말. 단어

衣服(いふく) 의복

習俗(しゅうぞく) 습속. 풍습

血(ち)を引(ひ)き継(つ)ぐ 피를 물려받다

後裔(こうえい) 후예

伝統(でんとう) 전통

脈々(みゃくみゃく) 길게 이어져 끊어지지 않는 모습. 면면히

守(まも)り続(つづ)ける 계속해서 지키다

본문 읽기 및 모범 번역

15. 薩摩焼

雑誌記事

有田焼・萩焼などと共に日本の陶芸界を代表する薩摩焼の宗家14代当主、沈寿官（ちん・じゅかん）氏が、6月16日午後３時20分、鹿児島市内の病院で肺炎のため92歳で死去した。

沈氏は、早稲田大学の政治経済学部を卒業したあと、代議士秘書を務めるなど、一時、政界に足を踏み入れたこともあるが、400年も継承してきた家業を継ぐために、1964年、13代当主沈寿官が永眠するに伴って、その名を襲名し、窯元の主人となった。「沈寿官」という名は、本来12代目の名前だったが、それをその後の当主たちが代々襲名し名乗るようになる。そして、父の死によって宗家を受け継ぐことになった沈氏は、焼き物の制作活動に尽力し、薩摩焼のさらなる発展に大きく貢献した。その業績は数え切れないほど多くあるが、中でも、特に生涯を通して日韓の文化交流に貢献したことが韓国政府から認められ、1989年に大韓民国名誉総領事に就任したほか、1999年に文化芸術分野の発展に大きく貢献した人に与えられる銀冠文化勲章をも贈呈されたことは注目に値する。また、朝鮮の文化に親しみを感じていた小説家・司馬遼太郎氏とも親交が厚く、彼の小説『故郷忘じがたく候』（1969年）の主人公になった人物としても有名だ。

14代の後継ぎは、1999年に長男の一輝が「沈寿官」を襲名し、現在15代当主を務めている。15代沈寿官は、父が亡くなった後、産経新聞（6月24日付）に「父・十四代沈寿官を悼む『社会をよくしたい』信念貫く唯一無二の人」という追悼文を寄せているが、その中で氏は、父親は「人間としての器がとても大きな人だった」とし、「陶芸作家としては、日展や日本工芸会に所属せず、その意味では世に出るために陶歴を飾ろうなどと思う人ではなかった。400年続いた家業を絶やすまいと先代の厳命を守って十四代沈寿官となった人。だからこそ、唯一無二の人だといってもいい」と語る。さらに同記事では、「父のことで、一番記憶に残っているのは、何かの拍子に『きみはどうすれば一人前になれると思う？』と聞かれたことであり、その質問に対して、『働いて給料を取り、家族を食べさせ、守り抜く』と答えると、父は『それは誰でもやることだ。ひとりでいたって寂しくない、自分の信念をひとりぼっちになっても貫きとおす。それが一人前ということだ』といった」と伝える。

薩摩焼の沈家は、もともと豊臣秀吉の朝鮮侵略（慶長の役）の時、薩摩藩主・島津義弘によって南原城から拉致され、強制連行された沈当吉から始まる。薩摩藩は現在の鹿児島県に当たる。『宣祖実録』（宣祖30年(1597)8月18日付）には、南原城は8月12日から日本軍の総当たり攻撃を昼夜に受け、惜しくも、当月16日の夜、敵の手に落ちた。朝・明連合軍の中で明軍10人ぐらいしか生き残らず全滅した、と記されている。朝鮮側の記録では、この合戦で朝鮮軍1000人・明軍3000人が戦場の露となったというのである。これに基づけば、沈当吉が日本軍に捕らわれたのは、おそらくこの時期のことと推察される。島津義弘は、朝・明連合軍に大きな被害を与えた「泗川の戦い」や、李舜臣が率いる朝鮮水軍との「露梁海戦」で戦った人物でもある。以後、秀吉の病死によって、島津は、陶工沈当吉などを含めて、約80人の朝鮮人捕虜を連行して、薩摩藩へ帰国することとなる。

実は、各藩の将軍たちは、朝鮮に出向く前に、焼き物・儒学・医学などに造詣がある朝鮮人を拉致して帰るようにと豊臣秀吉から命令を受けていた。特に焼き物は、当時、日本ではやっていた「茶の湯」とも深い関わりを持つもので、秀吉から拝領した茶碗は、お城一つに匹敵するほどの価値がある、と言われるほどだった。それで、拉致して連れてきたら藩の財政に大きく貢献することが間違いない朝鮮の陶工たちは、日本軍の目には「宝の山」ともいうべき存在であった。それゆえ、島津だけでなく、諸藩の将軍たちは争って、朝鮮の陶工たちを拉致し連行してきたのだ。世界にその名をほしいままにしている佐賀県の有田焼（李参平）や、山口県の萩焼（李勺光）なども、そうした残酷な過去によって窯を開いた痛々しい記憶がある。それがこの戦争を「焼き物戦争」と名付けるゆえんでもある。

島津が強制連行した陶工たちは、日本へ来るとき、藩内の幾つかの地に分けられて上陸することとなるが、中でも、40余名という、最も多い人が上陸した地は串木野市島平である。40余名のうち、安氏・張氏は、のちに琉球へ焼き物指南に送られることとなる。現在、島平には「慶長三年冬/遙かに風涛を越え/吾等が開祖この地に上陸す/薩摩焼宗家十四代　沈寿官書」と彫られた石碑が建てられている。連行された陶工たちは、最初は薩摩藩の支援や待遇もなく、獣同様の苦しい生活を強いられたが、結局、陶磁器を作るのに最適な土と釉薬を美山で見つけ出し、焼き物生産に励んだ結果、藩から士族同等の待遇を受けることとなる。もちろん、焼き物をもって薩摩藩の財政を潤したのは言うまでもない。のち幕末の薩長同盟の糧にも一助する。

はるか彼方にある故郷・朝鮮に向けての望郷の念・帰郷の思いを胸に秘めて、朝鮮の風景に似ている美山に定着し、江戸後期まで、朝鮮の言葉・衣服・習俗を守りながら生活をしていた人々。そして、今もそこには、その朝鮮の血を引き継いだ日本人の後裔たちが焼き物の伝統を脈々と守り続けている。

15. 사쓰마야키(薩摩焼)

잡지기사

아리타야키(有田焼)·하기야키(萩焼) 등과 함께 일본 도예계를 대표하는 사쓰마야키(薩摩焼)의 종가(宗家) 14대 당주(當主) 심수관(沈壽官) 씨가 6월 16일 오후 3시 20분, 가고시마(鹿児島) 시내의 병원에서 폐렴 때문에 92세로 돌아가셨다.

심 씨는, 와세다대학(早稲田大学) 정치경제학부를 졸업한 후, 슈기인의원(衆議院議員)의 비서(슈기인의원은 국회의원에 해당함)를 하는 등, 한때 정치계에 발을 들여놓은 일도 있었지만, 400년이나 계승해온 가업을 이어받기 위해 1964년, 13대 당주 심수관이 영면함에 따라서, 그 이름을 계승하여 가마의 주인이 되었다. '심수관'이라는 이름은 본래 12대째의 이름이었지만, 그것을 그 후의 당주들이 대대로 계승하여 그 이름을 갖게 된다. 그리고 아버지의 죽음으로 종가를 이어받게 된 심 씨는 도자기 제작 활동에 온 힘을 쏟아, 사쓰마야키가 가일층 발전하는 데 크게 공헌했다. 그 업적은 헤아릴 수 없을 정도로 많이 있지만, 그 중에서도 특히 평생을 통해 한일의 문화교류에 공헌한 것이 한국정부에서 인정받아 1989년에 대한민국 명예총영사에 취임한 일 외에, 1999년에 문화 예술 분야의 발전에 크게 공헌한 사람에게 수여되는 은관문화훈장(銀冠文化勳章)도 증정 받은 일은 주목할 만하다. 또한, 조선의 문화에 친근감을 느끼고 있었던 소설가 시바 료타로(司馬遼太郎)와도 친교가 두터워 그의 소설『고향을 어찌 잊을 수 있게 사옵니까(故郷忘じがたく候)』(1969년)의 주인공이 된 인물로도 유명하다.

14대 후계자는 1999년에 장남인 가즈테루(一輝)가 '심수관'을 이어받아, 현재 15대 당주를 하고 있다. 15대 심수관은, 아버지가 돌아가신 후 산케이신문(産経新聞) 6월 24일 자에「아버지 14대 심수관을 추도한다 '사회를 좋게 하고 싶은' 신념으로 일관한 유일무이의 사람」이라는 추도문을 기고하고 있지만, 그 기사 속에서 그는, 아버지는 "인간으로서의 그릇이 너무 큰 사람이었다"라고 하며, "도예 작가로서는, '일전'(日展, 일본미술전람회의 준말)이나 '일본공예회'에 소속되지 않았으며, 그런 의미에서는 출세하기 위해서 도력(陶歴, 도자기 이력)을 장식하려고 하는 등의 생각을 하지 않은 사람이었다. 400년 계속된 가업을 끊어서는 안 되겠다며 선대의 엄명을 지켜 14대 심수관이 된 사람. 그래서 유일무이한 사람이라고 해도 좋다"고 말한다. 더하여 같은 기사에는, "아버지에 대해 가장 기억에 남는 것은, 어느 순간에 (뜬금없이), 너는 어떻게 하면 어른이 될 수 있다고 생각해?" 라고 질문 받은 일이며, 그 질문에 대해서, "일을 하여 월급을 받고, 가족을 먹여 살리고, 지켜나간다." 라고 대답하자, 아버지는 "그건 누구라도 하는 일이다. 혼자 있어도 외롭지는 않다. 자신의 신념을 외톨이가 되어도 끝까지 해낸다. 그것이 어른이라는 거야."라고 했다고 전한다.

사스마야키의 심 씨 집안은 원래, 도요토미 히데요시(豊臣秀吉)의 조선 침략(게이초노에키(慶長の役)) 때 사쓰마번주(薩摩藩主) 시마즈 요시히로(島津義弘)에 의해서 남원성(南原城)에서 납치되어 강제 연행된 심당길(沈當吉)에서 시작된다. 사쓰마번(薩摩藩)은 현재의 가고시마현(鹿児島県)에 해당한다.『선조실록(宣祖實録)』(선조 30년(1597) 8월 18일 자)에는 남원성은 8월 12일부터 일본군의 총공격을 밤낮으로 받아, 애석하게도 그 달 16일 밤, 적의 손에 함락되었다. 조·명 연합군 중에서 명나라군이 10명 정도밖에 생존하지 못하고 전

멸했다고 기록하고 있다. 조선측의 기록에는 이 전쟁으로 조선군 천 명, 명나라군 삼 천명이 전장의 이슬이 되었다고 한다. 여기에 바탕을 두면, 심당길이 일본군에 잡힌 것은 아마 이 시기의 일이라고 추측된다. 시마즈 요시히로는 조·명 연합군에 커다란 피해를 준 '사천전투(泗川の戦い)'나, 이순신이 이끄는 조선 수군과의 '노량해전(露梁海戦)'에서 싸운 사람이기도 하다. 이후, 히데요시의 병사(病死)로 시마즈 요시히로는, 도공 심당길 등을 포함해 약 80명의 조선인 포로를 연행해서 사쓰마번(薩摩藩)으로 귀국하게 된다.

사실은 각 번의 쇼군(将軍)들은 조선으로 향하기 전에, 도요토미 히데요시(豊臣秀吉)로부터 도자기·유학·의학 등에 조예가 있는 조선인을 납치해서 돌아오도록 명령을 받고 있었다. 특히 도자기는 당시, 일본에서 유행하고 있었던 '다도(茶道)'와도 깊은 관계를 갖는 것으로 히데요시로부터 배령(拝領, 윗사람에게서 물건을 하사 받는 일)한 찻그릇(茶碗)은 성(城) 하나에 필적할 정도의 가치가 있다고 얘기될 정도였다. 그래서 납치해서 데리고 오면 번(藩)의 재정에 크게 공헌할 것이 분명한 조선 도공들은 일본군의 눈에는 '보물산 (宝の山)'이라고도 할 만한 존재였다. 그런 까닭에 시마즈 요시히로뿐만 아니라, 모든 번의 쇼군들은 조선 도공들을 앞다투어 납치하고 연행해 온 것이다. 세계에 그 이름을 날리고 있는 사가현(佐賀県) 아리타야키(有田焼)의 이삼평(李参平)이나, 야마구치현(山口県) 하기야키(萩焼)의 이작광(李勺光) 등도, 그러한 잔혹한 과거로 인해 가마를 연 아픈 기억이 있다. 그것이 이 전쟁을 '도자기 전쟁'이라고 이름 붙인 까닭이기도 하다.

시마즈가 강제 연행한 도공들은 일본에 올 때, 번내(藩内)의 몇 몇 땅에 나뉘어져 상륙하게 되지만, 그 중에서도 40여 명이라는 가장 많은 사람이 상륙한 땅은 구시키노시 시마비라(串木野市 島平)이다. 40여 명 중, 안 씨(安氏), 장 씨(張氏)는 후에 류큐(琉球)로 도자기를 전수하러 보내지게 된다. 현재, 시마비라(島平)에는 "게이초(慶長) 3년 겨울/ 아득히 바람과 파도를 넘어/ 우리들 개조(開祖) 이 땅에 상륙하다/ 사쓰마야키 종가(薩摩焼宗家) 14대 심수관(沈壽官) 적다"라고 새겨진 빗돌이 세워져 있다. 연행된 도공들은 처음에는 사쓰마번(薩摩藩)의 지원이나 대우도 없이 짐승과 같은 힘든 생활을 강요 받았지만, 결국, 도자기를 만드는 데 최적의 흙과 유약을 미야마(美山)에서 찾아내 도자기 생산에 힘쓴 결과, 번(藩)에서 사족(士族, 무사의 가문을 가리키는 말)과 동등한 대우를 받게 된다. 물론, 도자기로 사쓰마번의 재정을 윤택하게 한 것은 말할 것도 없다. 후에 막부 말의 삿초동맹(薩長同盟)의 경제력의 바탕에도 일조한다.

아득히 저편에 있는 고향, 조선을 향한 망향의 생각·귀향의 생각을 가슴에 감추고 조선 풍경과 닮은 미야마에 정착하여 에도 후기(江戸後期)까지 조선의 말·의복·풍습을 지키면서 생활했던 사람들. 그리고 지금도 거기에는 그 조선의 피를 이어받은 일본인 후예들이 도자기의 전통을 면면히 지켜나가고 있다.

MEMO

MEMO

MEMO

일본어 번역, 그 완성으로 가는 길
시사일본어

초판발행	2022년 8월 19일
초판 2쇄	2023년 9월 10일
저자	오석륜, 황동원
편집	양승주, 무라야마 토시오
펴낸이	엄태상
디자인	이건화
조판	이서영
콘텐츠 제작	김선웅, 장형진, 조현준
마케팅본부	이승욱, 왕성석, 노원준, 조성민, 이선민
경영기획	조성근, 최성훈, 구희정, 김다미, 최수진, 오희연
물류	정종진, 윤덕현, 신승진, 구윤주
펴낸곳	시사일본어사(시사북스)
주소	서울시 종로구 자하문로 300 시사빌딩
주문 및 문의	1588-1582
팩스	0502-989-9592
홈페이지	www.sisabooks.com
이메일	book_japanese@sisadream.com
등록일자	1977년 12월 24일
등록번호	제 300-2014-92호

ISBN 978-89-402-9348-5 13730